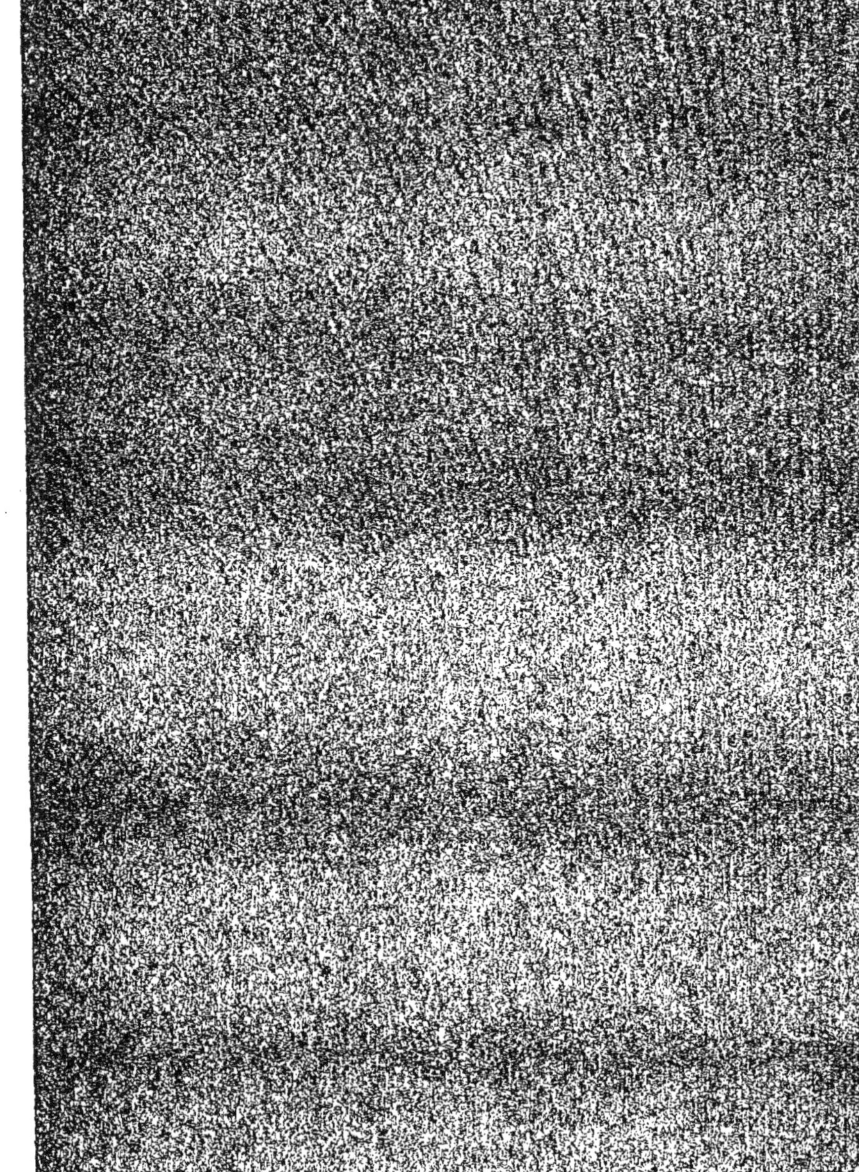

GARCIA MORENO

Le Palais du Gouvernement.

GARCIA MORENO

PRÉSIDENT DE LA RÉPUBLIQUE
DE L'ÉQUATEUR

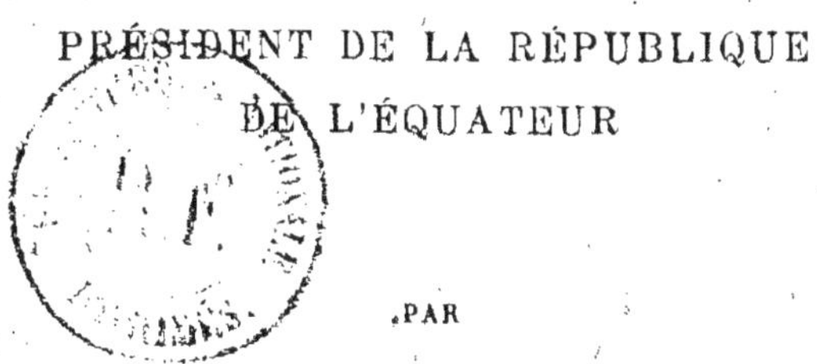

PAR

L'ABBÉ J.-B. DOMECQ

TOURS

ALFRED CATTIER
ÉDITEUR

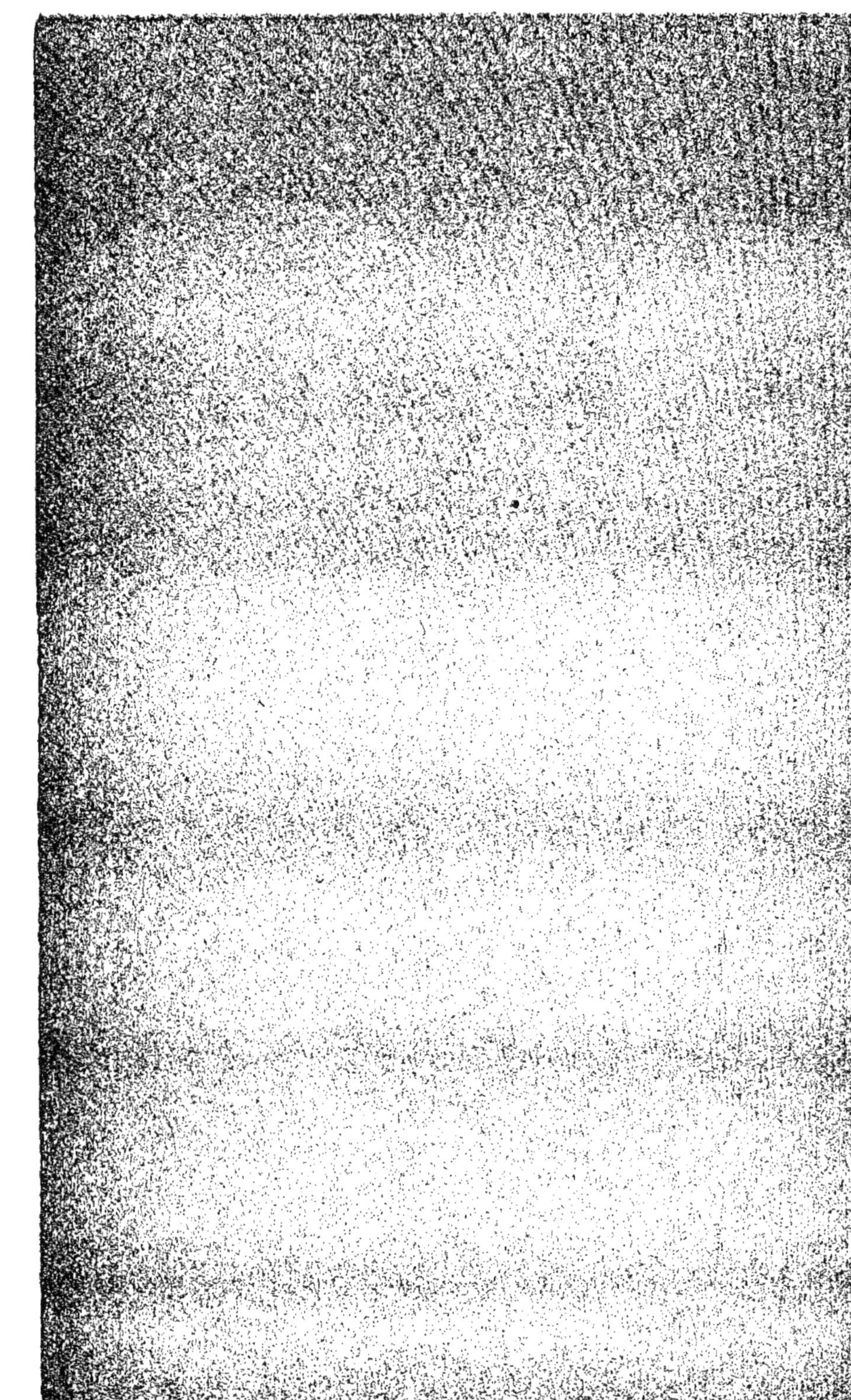

CHAPITRE I

Description de l'Équateur. — Richesse et variété de ses productions. Rivalité de Quito et Guayaquil.

L'Équateur est le plus petit des États sud-américains; mais il serait relativement très grand en Europe, puisqu'il forme un triangle d'une étendue un peu plus considérable que la France.

Ce pays est d'une richesse de productions et d'une fertilité exceptionnelles. Comme dans la plupart des contrées équinoxiales, la nature y a entassé ses splendeurs sans compter; elle y a déployé une exubérance inouïe de tout ce qu'il y a de rare et de merveilleux dans le monde entier.

Le Grand Océan baigne ce pays enchanteur sur une longueur de 200 lieues. Cette partie, désignée communément sous le nom de *plaine*, offre l'aspect d'un véritable Éden, parsemé de forêts, de rivières, de prairies verdoyantes, de villages assis sur les coteaux ou au fond des vallées. La végétation y est splendide : partout des arbres gigantesques et les plantes les plus variées ; on y rencontre abondamment les bois les plus précieux, l'acajou, le cèdre, le poivrier, l'oranger, sans compter une foule d'autres produits qui viennent presque sans culture, tels que le coton, le sucre, les dattes. La nature animée n'y est pas moins riche : des légions d'oiseaux aux brillantes couleurs, qui semblent faire voltiger dans les airs l'or, la nacre, le soufre et l'ébène, font retentir les bosquets de leur ramage, tandis que d'immenses forêts abritent les animaux les plus redoutables. Tous les jours, le grand condor des Andes descend de la Cordillère, faisant un voyage de 160 kilomètres pour se repaître sur la côte de poissons et de coquillages.

Sur deux lignes parallèles, les Cordillères des Andes, dont la stature n'est dépassée que par les monts Himalaya, traversent le pays dans toute sa longueur. Entre ces deux chaînes, s'étend la fertile vallée de Quito, située à 3.000 mètres au-dessus du niveau de la mer. C'est sur ces hauteurs que se trouve concentrée la plus grande partie de la population équatorienne; chaque village est un véritable nid favorisé d'un printemps perpétuel. La deuxième chaîne des Andes, qui se dresse au delà du plateau, est plus haute et plus majestueuse que la première; certains pics y sont couverts d'un manteau de neige éternelle. Les volcans n'y sont pas rares : les plus considérables sont le *Sangay*, le plus redoutable du monde, le *Pichincha*, ou mont Bouillant, le *Chimborazo*. Ce dernier élève son dôme superbe, dont le pourtour ne mesure pas moins de 300 kilomètres, au milieu d'un magnifique groupe de seize volcans, les uns déjà éteints, les autres toujours fumants. Parfois ces cratères vomissent la lave brûlante, des nuées de cendres et des déluges d'eau, et jettent dans les cités voisines la désolation et la ruine.

Enfin, derrière les rochers de cette seconde chaîne, s'étend la troisième partie du pays, le Napo, immense région quasi déserte qui va rejoindre le Brésil. C'est la partie la plus étendue, en même temps que la moins peuplée de l'Équateur. Elle n'est habitée que par des peuplades d'Indiens qui vivent dans les bois ou le long des rives du Napo et des autres affluents de l'Amazone. Cette contrée n'est pas, d'ailleurs, moins féconde que la plaine, dont elle est, de l'autre côté des Cordillères, le gracieux et pittoresque pendant. Elle est surtout remarquable par les nombreuses forêts vierges qu'on y rencontre et qui présentent l'aspect le plus grandiose. « Qu'on se figure, écrit M. Adolphe Dassier, d'immenses dômes de verdure soutenus par des milliers de colonnes grisâtres taillées par la main d'un Titan! Cette vigoureuse charpente est comme perdue dans un fouillis de végétation où la fleur, la tige et la feuille semblent lutter d'audace et de caprice; d'épais faisceaux de lianes relient tous ces troncs robustes de leurs spirales sans fin. Arrivées au sommet des arbres, elles courent de branche en branche, puis retombent en cascades, pour reprendre racine et recommencer leur course aérienne.

« Sous cet océan de plantes et de ténèbres s'agite un monde d'oiseaux, de reptiles, d'insectes, qui effraient l'imagination par la délicatesse de leurs formes, et dont l'éclat le dispute aux couleurs de l'arc-en-ciel. Tout ce petit monde ronge, creuse, piaille, butine, gambade, sans nul souci du chasseur, sans préoccupation de l'hiver : son souffle glacial est inconnu dans ces tièdes régions. Il semble que la nature tienne à sa disposition de merveilleuses forces créatrices, que les sucs de la terre ne comptent pour rien dans les proportions qu'atteint la sève. J'ai vu des palmiers d'une puissance extraordinaire s'élancer d'un bloc de granit. Cramponnés au roc par leurs racines qui le mordaient et l'étreignaient de leurs fibres noueuses, ils s'élevaient à des hauteurs inconnues, comme pour aller chercher dans le ciel la nourriture qu'ils ne pouvaient trouver dans les fissures du sol ; mais ils aspiraient par tous les pores de leur immense surface les trois grands principes de la vie végétale ; l'eau, l'air et le soleil. »

Les deux villes principales de l'Équateur sont Quito et Guayaquil. Cette dernière, située sur le fleuve Guayas, est regardée comme la capitale de la plaine. C'est un port important où abordent les vaisseaux européens. La richesse des produits qui s'y étalent et l'importance de ses relations commerciales l'ont fait surnommer la « Perle du Pacifique ». Quito, siège du Gouvernement et centre de la civilisation équatorienne, domine le pays par sa situation géographique et le nombre de ses habitants.

Il ne faudrait pas croire que les rapports entre ces deux cités ont toujours été aussi faciles qu'aujourd'hui. Il y a quelque quarante ans, les routes étaient absolument inconnues. Il fallait plusieurs jours pour faire l'ascension des Andes et arriver au sommet du plateau. Encore n'y parvenait-on qu'au prix de fatigues inouïes et en s'exposant à de sérieux dangers. Ces difficultés de relations furent souvent l'occasion de bien des troubles. L'esprit d'indépendance et de révolte souffla maintes fois dans Guayaquil, qui, fière de ses richesses et de son importance, se résignait difficilement à la seconde place dans la République. Il ne fallait pas moins que le héros dont nous allons raconter l'histoire pour unir étroitement ces deux villes rivales et en faire deux sœurs amies, filles glorieuses d'un même peuple.

Tel est le majestueux théâtre sur lequel nous allons voir se dérouler l'active et dramatique existence de Garcia Moreno.

CHAPITRE II

Famille de Garcia Moreno. — Naissance et premières années de Gabriel. — Sa timidité naturelle. — Comment son père lui donne des leçons de courage. — Dévouement de dona Mercedès. — Piété filiale de Gabriel. — Premières études. — Départ pour Quito. — Le surveillant de quinze ans. — Prodigieuse mémoire de Gabriel. — Sa passion pour l'étude. — L'étudiant en droit. — Garcia Moreno à vingt ans. — Comment il triomphe des sollicitations du monde. — Son énergie de caractère. — Exploration du Pichincha. — Une histoire à faire.

Dans le courant de l'année 1793, un noble gentilhomme espagnol, don Pedro Garcia Gomez, de Villaverde, dans la Vieille-Castille, entreprit d'aller tenter la fortune dans le nouveau monde. Les temps étaient devenus difficiles : la Révolution française, dont le contre-coup s'était fait sentir dans toute l'Europe, avait paralysé la prospérité commerciale. Il fallait attendre patiemment que l'orage eût passé ou aller chercher un nouveau ciel. Jeune, aventureux, plein d'activité, don Garcia Gomez avait pris ce dernier parti. Après une heureuse traversée, il vint se fixer à Guayaquil, où il réussit au-delà de toute espérance. En quelques années il devint un des hommes les plus en vue du commerce équatorien.

Sa situation de fortune quasi-opulente non moins que sa distinction et sa parfaite honorabilité lui permettaient d'aspirer aux plus hautes alliances. Son choix s'arrêta sur la fille d'un des personnages les plus considérables de la municipalité de Guayaquil, la senora dona Mercedès, aussi recommandable par ses sentiments profondément religieux que par ses brillantes qualités de cœur et d'esprit. Les deux époux étaient dignes l'un de l'autre, et Dieu bénit leur union en leur accordant une nombreuse famille. Lorsque naquit celui qui devait porter si haut la gloire de leur nom, quatre fils et trois filles formaient déjà autour d'eux une radieuse couronne. Hélas! le bonheur de ces premières années ne devait pas être de longue durée! Les révolutions incessantes qui bouleversèrent l'Amérique du Sud et, en particulier, l'Équateur firent éprouver à la famille Moreno de grands revers de fortune. Après avoir joui d'une certaine opulence, elle se vit obligée de courber la tête devant les rudes leçons de l'adversité : ce fut d'abord la médiocrité et bientôt la pauvreté avec son triste cortège de privations.

Les aînés de la famille n'eurent guère à souffrir de ce revirement de fortune. Leur éducation était terminée : ils pouvaient prendre leur vol et se frayer un chemin dans le monde. Mais le petit Gabriel, né le 24 décembre 1821, ne devait pas connaître les douceurs de la vie, ce qui lui fera comprendre de bonne heure la nécessité du travail.

Les époux Garcia Moreno, que la foi soutenait au milieu de leurs épreuves, ne perdirent pas courage. Grâce à un labeur assidu, ils purent réunir quelques épaves du naufrage de leur brillante fortune et envisager l'avenir sans trop d'appréhension. Mais la tâche importante qui s'imposait dès lors à leur sollicitude était l'éducation de Gabriel. Ils s'y consacrèrent tous deux avec le plus grand soin. Dona Mercedès s'appliqua surtout à former le cœur et l'esprit de l'enfant, tandis que don Gomez, chrétien sans peur et sans reproche, se chargea de fortifier sa volonté et de lui donner des leçons de courage.

Qui le dirait ? L'homme qui, plus tard, devait étonner ses concitoyens par son audace était timide et craintif jusqu'à la pusillanimité. Il avait peur de tout, du vent, de la nuit, de son ombre même ; les morts surtout lui causaient d'indicibles frayeurs. Son père, que cette poltronnerie mécontentait, entreprit de le corriger. Un jour d'orage, il l'enferma sur un balcon de leur habitation et l'y laissa seul, tant que dura la tempête, pour l'habituer aux éclairs et aux coups de tonnerre. Un autre jour, il le conduisit dans une maison voisine jusqu'à l'entrée d'une chambre isolée où était exposé un cadavre. Quelques cierges éclairaient seuls dans le silence de la nuit la face livide du mort. Ce lugubre tableau épouvantait la raison du pauvre Gabriel. Cependant, sur l'ordre de don Gomez, il alla, malgré son effroi, allumer une bougie aux terribles flambeaux. La peur paralysait ses membres délicats, mais

Un jour d'orage, il l'enferma sur un balcon et l'y laissa seul, tant que dura la tempête.

l'obéissance était la plus forte : sans hésiter, il faisait toujours ce que lui commandait son père. C'est ainsi que, dès son enfance, il prit l'habitude de s'aguerrir et de marcher au-devant des fantômes.

D'ailleurs, les événements politiques dont il fut témoin achevèrent de bannir ses terreurs imaginaires. Dès son enfance il se trouva initié aux agitations de la rue, à la vie tourmentée des peuples en ébullition. Il n'avait pas encore neuf ans que déjà cinq révolutions avaient passé sur sa tête ; celle de 1830 le faisait citoyen de la République de l'Équateur.

Ce fut à cette époque qu'il eut le malheur de perdre son père. Cette mort laissait dona Moreno sans ressources et la privait de son unique soutien. Elle ne se laissa point abattre par l'adversité ; son amour maternel, plus fort que toutes les épreuves, soutint jusqu'au bout son courage ; avec plus de dévouement que jamais et une entière confiance en Dieu, elle poursuivit l'éducation de son cher Gabriel et prépara son avenir. L'enfant répondit pleinement à tant de sollicitude : il aima sa mère autant qu'il est possible d'aimer une mère, et cette affection, cette passion, pourrait-on dire, ne devait jamais s'éteindre dans son cœur. Plus tard, au souvenir de sa jeunesse, de sa ville natale, cette terre classique des révolutions et des *pronunciamentos*, on l'entendra dire avec une pointe d'agréable malice : « A Guayaquil, je ne connais que deux bonnes choses : ma mère et... la banane. »

Dona Moreno voulait faire avant tout de son fils un bon chrétien. Elle eût désiré aussi pour lui une instruction solide ; mais elle sentait son impuissance depuis la mort de son époux, et cette impuissance lui brisait le cœur. Heureusement, la Providence veillait : elle vint bientôt sécher les larmes de la pauvre mère.

Un religieux de Notre-Dame de la Merci prit l'enfant à sa charge et lui donna les premières notions de grammaire et de calcul. Il le garda pendant cinq ans, et, lorsque le jeune Gabriel eut atteint sa quinzième année, il avait déjà parcouru le cercle des connaissances élémentaires. Son digne professeur ne pouvait plus continuer une éducation qui lui demandait trop de temps et des efforts trop persévérants, on décida, sur les instances et les larmes de l'enfant, de l'envoyer suivre le cours humanitaire et scientifique de l'Université de Quito. Ce fut au mois de septembre 1836 que le jeune Garcia quitta sa famille, ses frères et ses sœurs pour aller s'enfermer et étudier dans la vieille capitale des Incas.

Au début, il suivit le cours supérieur de grammaire professé à l'Université. Il se mit à l'étude avec un courage à toute épreuve et avec tout l'élan de ses facultés puissantes. D'un bond il se mit à la tête de ses condisciples et ne tarda pas à gagner l'estime et la confiance de ses maîtres. La fermeté de son caractère et sa conduite exemplaire le firent choisir comme surveillant des *transitos*[1]. C'est dans l'exercice de cette charge qu'il révéla sa merveilleuse mémoire, qui tenait du prodige. « Tous les jours, raconte le P. Berthe, il faisait, sans consulter

1. Galeries dans lesquelles les élèves se promenaient silencieusement en préparant leurs leçons avant l'heure des classes.

son registre, l'appel nominal, par ordre alphabétique, des trois cents élèves placés sous son inspection. Il savait même par cœur le nombre des points bons ou mauvais mérités par chacun de ses élèves. »

L'année suivante, il se fit admettre au collège de San-Fernando, fondé autrefois par les Dominicains et devenu depuis, par suite de la laïcisation, le collège national de l'Université. Il y étudia, avec une passion qu'on pourrait qualifier d'excessive, toutes les branches des connaissances humaines. Littérature, histoire, philosophie, éloquence, poésie, mathématiques, sciences naturelles, il voulait tout savoir, tout comprendre, tout pénétrer. Doué d'une souplesse d'esprit étonnante, il menait de front les études les plus variées. Il se reposait d'un travail sérieux par l'étude des langues étrangères, le français, l'anglais, l'italien, qu'il parlait avec aisance. Le temps lui paraissait trop court à mesure que s'élargissaient devant lui les horizons de la science. Il regrettait les heures qu'il devait consacrer au repos. Le soir, il ne s'arrachait à l'étude que lorsqu'il était vaincu par la fatigue. Mais, pour se venger de cette défaite et ne pas prolonger le repos au delà des limites qu'il s'était fixées, il couchait souvent sur la dure tout habillé et, dès trois heures du matin, il reprenait son travail interrompu. Si, parfois, après le lever, il sentait ses paupières s'appesantir malgré lui, il se lavait le visage ou gardait ses pieds dans l'eau froide jusqu'à ce qu'il eût triomphé de l'influence tyrannique du sommeil. Mais on ne contrarie pas à ce point la nature sans provoquer parfois des désordres graves. Garcia Moreno dut à plusieurs reprises payer ses excès par des repos forcés qui, sans diminuer son ardeur pour l'étude, le rendirent plus prudent.

A dix-huit ans, Garcia Moreno promettait déjà beaucoup : il avait obtenu dans les concours des succès hors ligne. Son nom était connu dans la ville de Quito. Plus d'une fois, dans les thèses publiques, on put admirer sa profonde érudition, la logique de son raisonnement, la finesse et la vivacité de ses reparties, et surtout son laconisme incisif et pénétrant, fidèle expression de son caractère.

Aussi brillant dans les sciences que dans les lettres, Garcia Moreno avait tous les avantages pour lui. Toutes les carrières lui étaient ouvertes. Il opta pour le droit et voulut être, comme il le disait lui-même, le grand justicier de sa patrie.

Le nouvel étudiant en droit prit donc ses inscriptions à l'Université de Quito. Ces études spéciales allaient soumettre à une rude épreuve son esprit et son cœur.

La Faculté de droit enseignait depuis 1835 la suprématie de l'État dans ses rapports avec l'Église. Garcia Moreno, trop jeune pour approfondir des questions si ardues, acceptait, sur la foi de ses maîtres, les textes officiels, qu'il emmagasinait dans sa prodigieuse mémoire.

De son côté, le monde fit luire à ses yeux les attraits de son mirage. Il le sollicita d'autant plus vivement que le jeune étudiant était alors le type du parfait gentilhomme. Physionomie agréable, taille haute, regard perçant, limpide, franc, manières distinguées, caractère sympathique, intel-

Le jeune étudiant était alors le type du parfait gentilhomme.

ligence élevée, conversation brillante et aimable, il avait tout ce qu'il faut pour réussir dans le monde, pour y être recherché, fêté. Aussi n'y avait-il pas un salon à Quito qui ne se disputât les heures qu'il accordait au délassement. Là était l'écueil qui pouvait causer un irréparable naufrage. Les invitations devinrent plus fréquentes et plus pressantes : il se laissa d'abord entraîner avec bonne grâce et bientôt il se livra à l'amusement avec toute l'ardeur de sa nature bouillante. Mais il ne tarde pas à se ressaisir avec sa fermeté habituelle. Quelques soirées de ce genre le font réfléchir. « La vie est trop courte, dit-il, pour en perdre un seul jour en futilités. » Sa résolution est prise, mais résolution telle qu'il faudra bon gré malgré y être fidèle. Il s'enferme chez lui, se fait raser la tête comme un moine, et, dans l'impossibilité de sortir ainsi : « O mes livres, s'écrie-t-il, je ne vous quitterai pas au moins pendant six semaines. » Au bout de ce temps, le lien de l'habitude était rompu, et le noble étudiant avait reconquis sa liberté.

Aux grands maux, Garcia Moreno savait appliquer les grands remèdes. Toute sa vie, d'ailleurs, il s'appliqua à donner du ressort à sa volonté, à la rendre maîtresse de sa nature. Dans ce but, il ne se passa aucune faiblesse, pas même devant un danger imminent.

Un jour qu'il se promenait à la campagne, un livre à la main, le soleil brûlant l'obligea à se réfugier sous une roche inclinée qui se trouvait près du chemin. Il s'y installa commodément. Tout à coup, il s'aperçoit que ce bloc gigantesque est entièrement détaché par la base et menace de l'écraser dans sa chute. Instinctivement, il bondit à l'écart. Après réflexion, pour se punir de ce mouvement inconscient de frayeur, il va se rasseoir sous la roche branlante. Il y revint, plusieurs jours de suite, y continuer sa lecture jusqu'à ce que sa victoire sur l'instinct fût complète.

Un peu plus tard, en 1845, de concert avec un savant, intrépide comme lui, le Dr Wyse, il entreprit d'explorer l'intérieur du Pichincha, le terrible volcan qui sema plusieurs fois la désolation et la ruine dans la ville de Quito. Avant d'arriver en face du cratère, il fallut, au prix de mille fatigues, gravir une pente abrupte de 4.500 mètres de hauteur.

Qu'on se représente un trou béant presque toujours dans l'obscurité : on entend perpétuellement un bruit souterrain, un bruit infernal et le sifflement des gaz qui s'échappent sans cesse avec une épaisse fumée. On dirait une immense machine à vapeur perdue dans les flancs de la montagne. L'audace la plus intrépide reculerait devant ce précipice affreux.

Garcia Moreno n'hésite pas : entraînant à sa suite son compagnon et un jeune Indien qu'il avait pris pour guide, il s'enfonce résolument dans l'abîme. Rien ne l'arrête : il franchit les passes les plus redoutables, reste plusieurs jours et plusieurs nuits au fond du gouffre, sondant, scrutant, étudiant les roches et les phénomènes, au milieu de la fumée et d'un brouillard épais, parmi le bruit des cratères compliqué parfois d'orages épouvantables qui détachent toute une avalanche de rochers et les lancent jusqu'au ras de la tête des audacieux explorateurs.

Après quatre jours de travail et d'observations

scientifiques, brisés de fatigue, les deux voyageurs et l'Indien résolurent de remonter le cratère; mais un brouillard épais et une pluie fine les empêchèrent de retrouver la route. Force leur fut de s'arrêter et d'y passer encore la nuit; après avoir soupé avec un peu de glace, ils se blottirent derrière un rocher et, la tête entre les deux genoux, à la façon des Indiens, ils essayèrent de dormir.

Le lendemain, ils recommencèrent à grimper. Garcia Moreno montait sur un plan incliné très dur, lorsqu'il perdit pied et glissa sur le dos la longueur de dix mètres. Fort heureusement, un quartier de rocher l'arrêta dans sa chute qui aurait pu être mortelle. Enfin, après des fatigues et des peines inouïes, ils atteignirent le sommet du volcan.

En 1844, c'est-à-dire à l'âge de vingt-trois ans, Garcia Moreno avait été reçu docteur en droit et s'était fait inscrire comme avocat stagiaire au barreau de Quito. Mais il exerça peu ses nouvelles fonctions : les affaires publiques absorbaient déjà toute son attention. Il ne refusa cependant jamais de prêter son appui aux pauvres qui l'imploraient, et les malheureux trouvèrent toujours et gratuitement en lui un intrépide défenseur. Mais il faut ajouter que jamais il ne consentit à mettre son talent au service d'une mauvaise cause. Le président du tribunal voulut, un jour, lui imposer d'office la défense d'un assassin notoire ; il refusa net et se tira d'affaire par cette boutade : « Soyez sûr, Monsieur le président, qu'il me serait plus facile d'assassiner que de défendre un assassin. »

En 1846, Garcia Moreno épousa la senora Rosa Ascasubi, sœur de deux de ses amis dont les idées et les aspirations s'accordaient parfaitement avec les siennes. La façon dont il conclut ce mariage ne manque pas d'une certaine saveur originale. Il voyageait, un jour, à travers les montagnes, pour se rendre à Guayaquil, avec un ami intime de Quito. La nuit venue, ils s'arrêtèrent dans une de ces huttes de la montagne où l'on recueille les voyageurs. L'ami dormait profondément quand, tout à coup, don Gabriel le réveille en sursaut et lui dit très sérieusement : « Sais-tu qu'il y a deux heures j'ai contracté mariage? — Tu rêves sans doute, reprend son compagnon étonné. — Pas du tout ; je te dis la vérité. En quittant la ville j'ai laissé ma procuration, et voilà deux heures que le contrat est signé. »

Toutes les affaires graves il les conduisait ainsi, secrètement, sans en rien laisser transpirer, même à ses plus intimes. — Déjà, à cette époque, en considérant la tournure que prenaient les affaires politiques, il avait quelque pressentiment du rôle important qu'il devait remplir un jour. Ses amis, qui connaissaient son talent d'écrivain, le pressaient d'écrire l'histoire de l'Équateur. « Il vaut mieux la faire », répondit-il en souriant. Aussi bien peut-on dire que, depuis cette époque, son histoire se confond avec celle de son pays. — Cependant, pour mieux apprécier l'importance des changements survenus depuis cette époque, il n'est pas hors de propos de jeter un coup d'œil sur le passé historique de l'Équateur.

CHAPITRE III

Coup d'œil rétrospectif sur l'histoire de l'Équateur. — Bolivar le *libertador*. — Fondation de la République de Colombie. — Œuvres néfastes des loges maçonniques. — Triste aveu de Bolivar. — Sa retraite et sa mort. — Démembrement de la Colombie. — Florès, président de l'Équateur. — La comédie politique. — Dictature de Florès. — Sa chute. — Entrée en scène de Garcia Moreno.

Lorsque Christophe Colomb donna le nouveau monde à l'Espagne, en 1492, il était loin de penser que sa conquête serait l'objet des convoitises de toutes sortes et que l'agitation y régnerait, pour ainsi dire, en permanence.

L'Angleterre, toujours à l'affût de conquêtes lointaines, ne tarda pas à étendre sa domination sur l'Amérique du Nord. Les Espagnols avaient conservé le sud de l'Amérique, où ils avaient apporté, avec les bienfaits de la civilisation, les trésors mille fois plus précieux de la foi catholique. Pendant deux siècles, les annexés à la *mère-patrie* demeurèrent les fidèles sujets de ceux qui étaient venus dans ces régions plutôt en missionnaires qu'en conquérants.

Cependant, vers la fin du XVIIIe siècle, les colonies anglaises de l'Amérique du Nord, à la suite d'impôts vexatoires, arborèrent le drapeau de l'indépendance. Cette guerre dura jusqu'en 1783 avec des alternatives de victoires et de revers. Sous la conduite de Washington, en 1787, ces colonies se donnèrent une constitution et organisèrent la république fédérative des États-Unis d'Amérique.

La Révolution française de 1789 compléta l'œuvre commencée, en propageant sur le continent sud-américain les idées d'indépendance et d'autonomie qui germaient alors dans toutes les têtes. D'ailleurs, on était las du joug de l'Espagne. Depuis longtemps on n'envoyait dans les colonies que des fonctionnaires ambitieux, des chercheurs d'or, des bandes d'aventuriers qui révoltaient le pays par leur cruauté et leurs exactions.

Mais, pour affranchir le nouveau monde de la domination espagnole, il fallait un homme de la taille de Washington. Cet homme ne se révéla qu'en 1807. Il se nommait Bolivar. Il était né à Caracas, dans le Vénézuéla, le 24 juillet 1783, de parents riches et chrétiens. Orphelin dès son enfance, il tomba entre les mains d'un précepteur, républicain convaincu, mais exalté. Le professeur n'eut rien plus à cœur que de faire de son élève un voltairien doublé d'un ennemi acharné de l'Espagne et de son système de gouvernement.

En 1798, à l'âge de quinze ans, Bolivar fut envoyé à Madrid pour y terminer son éducation. En 1801, il visita Paris. Le général Bonaparte était alors dans tout l'éclat de sa splendeur. Le jeune Américain s'enthousiasma pour le grand conquérant, qui lui apparaissait comme le libérateur des peuples opprimés et le fléau des rois. En 1805, nous le trouvons à Rome, où, exalté par le souvenir des héros de l'antiquité, il jura sur le mont Aventin de délivrer sa patrie du joug espagnol.

Après avoir parcouru les États-Unis, il revint à Caracas, en 1807, juste à temps pour mettre son serment à exécution.

Napoléon Ier, étendant partout ses conquêtes, venait de détrôner Ferdinand VII et avait installé son propre frère à Madrid, à la place du monarque dépossédé. Le moment était favorable pour les colonies : la guerre de l'Indépendance éclata. — Après avoir servi en qualité de colonel sous les ordres de Miranda, Bolivar dirigea lui-même les opérations et chassa l'Espagnol Monteverde de tout le Vénézuéla (1812). Pendant quelques années, les ravages des esclaves et des brigands lancés sur le pays par les Espagnols arrêtèrent les progrès de l'insurrection, et Bolivar, calomnié par les siens, accusé d'ambition, découragé, se retira à la Jamaïque, ensuite à Haïti. On le vit reparaître à la fin de 1846 ; il battit le général Morillo, balaya 300 lieues de pays, et, en 1818, il avait enfin conquis à la pointe de l'épée le Vénézuéla, la Nouvelle-Grenade et l'Équateur. Maître de la destinée de ces trois vastes contrées, il réorganisa sur de nouvelles bases la grande République de Colombie, dont il fut nommé président.

Bolivar gouverna d'abord avec une modération remarquable. Il comprenait et répétait que, « pour fonder un Gouvernement, il faut l'appuyer sur la loi de Dieu ». Mais il ne fut pas suivi dans cette voie par ses amis de la veille, qui devinrent ses rivaux. Ceux-ci, pour la plupart affiliés aux loges maçonniques, n'eurent rien plus à cœur que de miner sourdement l'Église. Élus en majorité dans les Congrès, ils profitèrent de leur passage au pouvoir pour travailler activement à leur œuvre antireligieuse et antisociale. Il faut leur rendre ce témoignage qu'ils allèrent vite en besogne. En moins de quinze ans, ils réussirent à accumuler plus de ruines en Colombie que les trois siècles de la domination espagnole. Agriculteurs, commerçants, prêtres, magistrats, toutes les classes de la société maudissaient le nouveau régime et demandaient un sauveur. Bolivar comprit alors tout le danger qui menaçait sa patrie. Pour le conjurer, il eut recours aux grands expédients : il s'empara du pouvoir dictatorial, et ordonna la dissolution des sociétés secrètes et la fermeture des loges : « Le mystère dont elles se couvrent, disait-il, montre assez leur caractère nuisible ; elles n'ont, d'ailleurs, pour but principal que de préparer des révolutions politiques. » Il tenta en même temps une réforme complète de l'enseignement, expulsa des écoles les auteurs dangereux qu'il avait eu la faiblesse d'y tolérer et y introduisit l'étude approfondie de la religion. Ces efforts généreux furent malheureusement impuissants. Le flot révolutionnaire avait grossi démesurément : Bolivar, qui s'était jusque-là complaisamment confié à son courant, devait maintenant s'attendre à être emporté à son tour. Il devança même l'heure fatale. Abreuvé de dégoûts et d'outrages, se voyant entouré d'ennemis et d'envieux jaloux de sa gloire, il donna sa démission, qu'il terminait par ces mots : « Concitoyens, je le dis, le rouge au front, nous avons conquis l'indépendance, mais au prix de tous les autres biens. » Il se retira de la vie politique, et, miné par le chagrin, il rendit le dernier soupir, le 27 décembre 1830, à l'âge de quarante-sept ans, fortifié par les espérances de la religion.

Après son départ, la Colombie, déjà bien chancelante, tomba en dissolution et se divisa en trois tronçons dont les généraux de Bolivar se partagèrent les débris. Le Vénézuéla s'organisa en république indépendante sous le général Pérez ; l'Équateur devint autonome sous les ordres du général Florès ; enfin la Nouvelle-Grenade suivit la destinée du général Santander. Ainsi, moins heureux qu'Alexandre, Bolivar assistait de son vivant au démembrement de sa patrie, qu'il avait rêvé de rendre grande et prospère.

Chacun de ces États devait traverser une longue carrière de révolutions dont nous n'avons pas à suivre ici les phases successives. Il nous suffira de rappeler brièvement la période de l'histoire de l'Équateur qui nous sépare encore de la vie politique de Garcia Moreno.

Lorsqu'en 1820, après le démembrement de la Colombie, la République de l'Équateur fut abandonnée à elle-même, une Convention bâcla à la hâte un semblant de constitution, dont l'un des articles les plus funestes était le droit de cité accordé à tous sans distinction, civils ou militaires. C'était ouvrir la porte aux révolutionnaires de tous les pays. Le nouveau président, le général Florès, était sans contredit un brillant officier, parfait gentilhomme d'ailleurs, aussi brave au champ de bataille que distingué dans un salon. Mais il était ambitieux et léger, aimant à passer au milieu des plaisirs et des fêtes le temps qu'il aurait dû consacrer aux affaires.

Aussi l'enthousiasme pour le nouveau chef fut-il de courte durée. Florès ne tarda pas à mécontenter tout le monde, même ses partisans. C'est là l'histoire de toutes les révolutions qui ne s'appuient ni sur le droit ni sur la justice. En quelques années l'agriculture et l'industrie furent ruinées, le trésor à peu près à sec et les services de l'État supprimés faute d'argent. Le président ne s'alarmait pas pour si peu. Pendant que tout l'Équateur n'avait en perspective que la misère, la famine, lui Florès continuait à banqueter au milieu des plus joyeux convives.

L'indignation devint bientôt générale. Il se forma un parti d'opposition à la tête duquel se mit un aventurier émérite, Rocafuerte, homme de talent et d'énergie, mais capable de tout pour satisfaire son ambition. Il dirigea si bien la campagne contre Florès et lui porta de si rudes coups qu'il rendit son Gouvernement à peu près impossible. Pour conserver le pouvoir qui lui échappait, le président déploya dans ces circonstances autant d'audace que d'habileté. Il prit la dictature, bannit les rebelles et réussit à s'emparer de Rocafuerte. Toutefois, se jugeant trop faible pour triompher de l'opposition, au lieu d'envoyer en exil son ennemi, il lui proposa le Gouvernement de Guayaquil, que l'ambitieux Rocafuerte s'empressa d'accepter.

On ne peut se faire une idée de la consternation qui régna dans le pays à cette nouvelle. On se croyait à la veille de la délivrance et, plus que jamais, on était courbé sous le joug d'une odieuse tyrannie. De fait, l'Équateur se trouvait maintenant à la merci de deux ambitieux qui se partageaient le pouvoir suprême.

Son mandat accompli, Florès manœuvra si bien qu'il fit monter Rocafuerte au fauteuil présidentiel. Quant à lui, il prit modestement sa place comme gouverneur de Guayaquil. C'était une simple permutation d'emploi; rien n'était changé dans l'État.

Ce trafic indigne provoqua bien quelques soulèvements. Mais Rocafuerte avait la main ferme; il exila les uns et fusilla les autres. Ennemi de la religion et du clergé, il sécularisa l'Université, laïcisa les écoles. Il faut cependant lui rendre cette justice qu'il était meilleur administrateur que Florès. Pendant les quatre années qu'il passa à la présidence, il réussit à restaurer les finances, que son prédécesseur avait dilapidées.

A l'expiration de son pouvoir, en 1839, le chassé-croisé recommença entre Rocafuerte et Florès. Celui-ci remonta au fauteuil présidentiel, tandis que Rocafuerte reprenait tranquillement le chemin de Guayaquil. Le gaspillage des finances et les entreprises ruineuses se renouvelèrent de plus belle, de sorte qu'en 1843 peuple et président étaient résolus à en finir par un coup d'État. Ce fut Florès qui commença : il se fit nommer président pour huit ans par une Convention dont il s'était assuré la majorité. Il s'était réservé, en outre, le droit de casser tout projet de loi qui ne réunirait pas les trois quarts des suffrages exprimés. C'était l'absolutisme dans toute sa rigidité. Rocafuerte lui-même, se croyant évincé du pouvoir, protesta et entreprit dès ce moment une guerre sourde et acharnée contre le président.

Florès commit évidemment une faute en s'aliénant le concours de son ambitieux collègue, concours qui lui avait été jusque-là si précieux. Mais il en commit une plus grave en persécutant le clergé et les catholiques, pour plaire à la franc-maçonnerie. Cette faute devait amener sa perte. Ce n'est pas impunément qu'on violente la conscience de tout un peuple. La persécution n'a jamais brisé que les persécuteurs. Florès devait subir cette loi de la Providence.

Une insurrection générale éclata, le 6 mars 1845, sous la direction du général Elizalde. Le Gouvernement, ne pouvant résister longtemps contre l'armée et la nation, donna sa démission, le 24 juin de la même année, et, deux mois après, Florès s'embarquait pour Panama et de là pour l'Europe.

Garcia Moreno avait alors vingt-trois ans. Il fut un des premiers acteurs de ce drame national. C'est de cette année 1845 que date son entrée en scène. Il n'eut plus dès lors qu'une seule pensée, une seule volonté, remettre sa patrie dans la voie de la justice et du véritable progrès, et c'est à la réalisation de ce désir qu'il consacrera désormais ses efforts, son activité, sa vie.

CHAPITRE IV

Présidence de Roca. — Garcia Moreno journaliste. — Le *Fouet*. — Tentative de Florès. — Patriotisme et désintéressement de Moreno. — Il combat Florès. — Nouvelle campagne contre Roca. — Esprit satirique d'*el Diablo*. — Présidence de Noboa. — Premier voyage de Moreno en Europe. — Comment il ramène les Jésuites à Quito. — Son énergique défense de la compagnie de Jésus. — Fourberie d'Urbina. — Comment il s'empare du pouvoir.

Le peuple équatorien avait salué avec bonheur, dans la révolution du 6 mars, le triomphe du droit sur le despotisme. Il fallut s'occuper bientôt du remplaçant de l'ex-président Florès. Deux hommes se trouvaient en présence de la Convention. L'un était le grand poète national Olmédo, nature énergique, homme d'État incorruptible, sur lequel les conservateurs pouvaient compter; l'autre, le riche négociant Roca, homme d'affaires, plein d'ambition, qui ne pardonna jamais à Florès d'avoir fait échouer sa candidature à la vice-présidence de la

République. On comptait sur l'élection d'Olmédo; ce fut Roca qui fut élu. On resta convaincu qu'il avait acheté les deux tiers des suffrages.

Garcia Moreno vit là une injustice, et l'injustice le trouvait toujours implacable. A défaut d'armes pour atteindre l'imposteur, il prit la plume; il se fit journaliste. Pendant plusieurs mois, il flagella de son *Fouet* le corrupteur du suffrage et les députés qui l'avaient porté à la présidence. Cette polémique virulente finit par déconsidérer le pauvre Roca. On le détestait déjà à cause de son caractère dur et hautain; après cette volée de coups, appliqués d'une main sûre et ferme, il devint la risée du peuple, et l'on fit le vide autour de lui.

Le mécontentement général aurait infailliblement amené sa chute, si un événement menaçant n'était venu fort à propos donner au président un regain de popularité et fournir à Garcia Moreno une nouvelle occasion de montrer son absolu désintéressement et son ardent patriotisme.

Florès, en quittant l'Équateur, n'avait pas perdu tout espoir de retour. Il sut conquérir en Espagne les bonnes grâces de la reine Christine, qui se laissa entraîner à lui promettre son appui. Dix millions furent consacrés à équiper une flotte et à préparer un corps de débarquement. L'Espagne devait être largement récompensée si l'expédition réussissait.

Malgré les précautions prises pour tenir secrets ces préparatifs d'invasion, l'Équateur eut vent de ce qui se tramait. Grande fut, à cette nouvelle, l'indignation des républiques centrales, qui se virent menacées dans leur indépendance. Garcia Moreno comprit que, dans cette conjoncture, il fallait changer ses plans d'attaque, agir promptement et résolument. Aussi n'hésita-t-il pas à faire taire ses sentiments personnels à l'égard de Roca. Non seulement il cessa toute opposition, mais il lui offrit généreusement ses services. Pour organiser une résistance sérieuse, une croisade patriotique était nécessaire : il n'y avait d'espoir de salut que dans l'union de tous contre l'ennemi commun. Dans ce but, Garcia Moreno créa un nouveau journal, *le Vengeur*, qui devint l'organe le plus décidé du parti patriote. L'œil ouvert sur les partisans de

Cette polémique virulente finit par déconsidérer le pauvre Roca qui ne fut pas réélu.

Florès à l'intérieur, il observait leurs menées, les contenait et parfois les terrifiait.

D'autre part, il ne cessait de pousser le pouvoir à une entente avec les États voisins, qui se sentaient également menacés. Tous les jours sa voix retentissait comme un coup de clairon et ne permettait à personne de s'endormir. Ces appels réitérés furent entendus. A l'exemple de l'Équateur, les États du Pacifique, le Gouvernement du Pérou, la Nouvelle-Grenade hâtèrent les préparatifs. Cette ligue se montra si belliqueuse qu'au printemps de 1847, les nouvelles devenant plus alarmantes, Garcia Moreno pouvait dire sans trop de forfanterie:

« Florès arrive avec ses flibustiers : dans quelques mois, il apparaîtra dans nos parages. Qu'il vienne donc! nous tâcherons de le bien recevoir et de lui préparer une tombe assez profonde pour l'ensevelir lui et ses crimes. Qu'il vienne: nous irons à sa rencontre pour exterminer la race des traîtres! Qu'il vienne : nous argumenterons contre les flibustiers, avec des raisons subtiles comme la lance et solides comme le plomb! Qu'il vienne, et de toutes les poitrines sortira ce cri vainqueur : mort aux envahisseurs et vive l'Amérique. »

Cette levée de boucliers força les diplomates européens à se préoccuper d'une expédition réprouvée par le droit des gens.

Garcia Moreno se montra, dans ces circonstances, aussi habile politique qu'ardent patriote. Il se mit en relation avec lord Palmerston et n'eut pas de peine à lui montrer que cette expédition allait contre les intérêts du commerce anglais, menacé de se voir fermer les ports américains. C'était toucher la corde sensible. Le Gouvernement anglais intervint effectivement et mit l'embargo sur les vaisseaux de Florès, qui dut licencier ses mercenaires. Cependant les partisans du général ne prirent pas leur parti de tant d'espoirs déçus : un soulèvement eut lieu à Guayaquil, des atrocités furent commises de part et d'autre. Le Gouvernement, effrayé de tant d'excès, eut la bonne inspiration d'y envoyer Garcia Moreno, avec mission de tout pacifier. Celui-ci n'eut qu'à paraître au milieu de ces insurgés furibonds et de ces soldats en délire pour imposer à tous le respect de la loi.

Il dicta ses ordres d'un ton qui ne souffrait pas de réplique, et tous comprirent qu'il fallait obéir. En huit jours, sous sa main de fer et par son esprit de justice, tout rentrait dans l'ordre.

Ces événements eurent pour résultat de consolider le fauteuil du président Roca. Il en profita pour continuer avec les ministres ses opérations de finances. Mais il fallait compter avec Garcia Moreno, qui n'était pas de nature à sympathiser avec cette bande d'agioteurs. Il reprit sa redoutable plume de journaliste, plus sarcastique, plus acérée que jamais.

« Je ne suis, écrivait-il, ni employé, ni quêteur d'emplois, comme tant de pauvres diables de ma connaissance ; je ne suis pas militaire comme tant de charlatans qui se vantent à tout propos des bons coups qu'ils ont donnés ; je ne suis pas ministériel, n'ayant jamais voulu me vendre ; ni janissaire, parce que le crime me répugne. Ami loyal d'un peuple infortuné qui n'a sur la terre d'autre défenseur que le diable, je viens combattre ceux qui le martyrisent, et dissiper les flots de poussière dont on obscurcit l'air pour couvrir l'arrivée des bandits de Florès. »

Son nouveau journal, *El Diablo*, était à l'affût de toutes les bévues ministérielles, et son infernale malice était sans pitié. Le Congrès et le président n'avaient qu'un désir, vivre heureux et tranquilles. Pour désarmer les ennemis qui menaçaient leur repos, ils leur avaient ouvert les bras dans une amnistie généreuse. Pris même d'un tendre amour pour Florès, ils lui avaient officiellement restitué ce titre honorifique : *El senor don Juan José Florès*. Le malin *Diablo* ne s'expliquait pas ce revirement subit, cette exquise politesse : il en chercha le mobile. Il raconta discrètement à ses lecteurs qu'un jour, étant de garde auprès du lit d'un mourant, il avait entendu le confesseur exhorter le moribond et lui dire énergiquement : « Mon fils, si vous voulez vous sauver, il faut absolument renoncer à Satan. — Oui, mon Père, certainement, répliquait l'agonisant, je renonce au seigneur *Satan*.

— Pas besoin d'être si poli, mon enfant. Appelez-le Satan tout court. — Excusez-moi, mon Révérend, je n'aime à être mal avec personne. »

Avec des histoires de ce genre, le pauvre président ne tarda pas à tomber dans le discrédit public ; à l'expiration de son mandat, il ne fut pas réélu.

Son successeur fut Robert Ascasubi, beau-père de Garcia Moreno. Intelligent, intègre, économe des deniers publics, le nouveau président était bien l'homme qu'il fallait pour rétablir l'ordre dans les finances de l'État. Mais il fallait compter avec le radicalisme qui était devenu un parti puissant et qui, conscient de ses forces, levait hardiment la tête. Le général Urbina, un intrigant capable de tous les forfaits pour arriver à ses fins, en était le chef incontesté. Florès l'avait comblé de ses faveurs ; en guise de remerciement, Urbina ne cessa de lui faire une guerre sourde et contribua même à sa chute lors de la révolution du 6 mars, ce qui lui valut le grade de général. Un peu plus tard, il fut nommé gouverneur de Guayaquil. Désormais la seconde place ne lui suffisait pas. Grâce à ses intrigues et à ses pronunciamentos, il provoqua un coup d'État, fit déposer l'honnête Ascasubi, le 20 mars 1850, et monter à sa place, sur le fauteuil présidentiel, un vieillard nommé Noboa, homme sans énergie, véritable roi soliveau, qui devint l'instrument docile de ses visées politiques en attendant le moment favorable où, bon gré mal gré, il lui céderait la place.

Garcia Moreno n'avait pas assisté à cette révolution. Fatigué des luttes politiques, il avait quitté l'Équateur et fait voile pour l'Europe. Il parcourut l'Angleterre, la France, l'Allemagne; il étudia la constitution politique de ces pays et revint en Amérique après six mois d'absence, convaincu plus que jamais que « Jésus-Christ est l'unique sauveur des peuples comme des individus et qu'un État sans religion est irrémédiablement voué au sabre d'un autocrate ou au poignard des anarchistes ».

De retour à Panama, il fit une rencontre qui devint bien vite un incident public, puis un événement. Au moment où il allait prendre le bateau pour Guayaquil, il aperçut quelques religieux de la compagnie de Jésus, à l'air triste, groupés près d'un vaisseau en partance pour l'Angleterre. Il les aborde et apprend que le pouvoir, aux mains des radicaux, vient de les expulser de la Nouvelle-Grenade pour crime d'avoir fondé partout des missions et des collèges, dont les succès florissants alarmaient les francs-maçons. Frappé d'une soudaine inspiration, Garcia Moreno leur fait aussitôt une proposition inattendue : Pourquoi ne viendraient-ils pas à Quito, où tant de familles seraient heureuses de leur confier leurs enfants ? Il connaissait les sentiments des populations, qui n'aspiraient qu'après leur retour. Il se faisait fort, d'ailleurs, d'aplanir toutes les difficultés et d'obtenir le *placet* du bienveillant Noboa avant qu'il eût le temps de consulter son mauvais génie.

Les choses se passèrent ainsi que l'avait prévu

Garcia Moreno. Le décret fut signé sans plus de difficultés par le vieux président et salué par les applaudissements enthousiastes des populations.

On juge de la fureur d'Urbina et de la secte maçonnique à cette nouvelle qui était déjà un fait accompli. Mensonges, calomnies, insultes, menaces, ils mirent tout en œuvre pour opérer un revirement dans l'esprit du peuple, trop souvent timide et faible. Garcia Moreno comprit que son devoir était d'intervenir et de déjouer ces odieux complots. Dans un pamphlet resté célèbre il réduisit à néant tous les griefs allégués contre l'illustre compagnie, et fit justice des infâmes calomnies de ses adversaires. La déclaration qui termine la préface de cet admirable plaidoyer nous montre bien quel homme était déjà Garcia Moreno.

« On m'appellera fanatique et jésuite, parce que j'ai consacré mes loisirs à écrire cette défense, mais cela m'importe peu. Je suis catholique et fier de l'être, bien que je ne puisse compter au nombre des chrétiens fervents. J'aime ma patrie avec passion, et j'estime que c'est un devoir de travailler à son bonheur. Chrétien et patriote, je ne puis garder le silence sur une question qui intéresse au plus haut degré la religion et la patrie. D'ailleurs, mon caractère me porte naturellement à prendre en main la cause du faible et de l'opprimé. La tyrannie me révolte partout où je la rencontre, et je déteste la froide barbarie de ces hommes qui savent rester muets entre la victime et le bourreau. »

Les machinations d'Urbina étaient déjouées, mais il ne désarmait pas. Depuis longtemps il ambitionnait le pouvoir, qu'il guettait comme le fauve sa proie. Il jugea que le moment était venu de supplanter le bon vieillard Noboa, son intime ami, et de prendre sa place. Le plan de campagne fut habilement combiné. Florès était alors à Lima où il préparait une nouvelle expédition. Les radicaux trouvèrent là un moyen de semer dans tout le pays des germes de révolution. Le mensonge et la

1. La plupart des documents cités entre guillemets sont extraits de la *Vie de Garcia Moreno*, par le R. P. Berthe.

calomnie pèsent peu sur la conscience de ces délicats; pourvu que le vulgaire, hélas! bien facile à tromper, s'y laisse prendre, cela leur suffit. On représenta donc les conservateurs, Noboa lui-même, comme des floréanos déguisés, et les Jésuites comme des émissaires pour aplanir les voies. Cette idée de trahison fit son chemin et surexcita bien des esprits, surtout à Guayaquil, d'où elle était partie.

Urbina, d'accord avec les radicaux, prépara sous main son hardi coup d'État. Il écrivit au président pour lui donner avis de l'agitation qui régnait dans la ville.

« Pour calmer l'esprit échauffé de nos populations, lui disait-il, une visite du chef de l'État me paraît nécessaire. » Noboa, plein de confiance en son cher gouverneur de Guayaquil, partit sans hésiter, malgré les protestations de ses amis qui flairaient une trahison. Il s'applaudit d'abord de sa courageuse décision, et peu s'en fallut qu'il ne versât des larmes de joie en trouvant au bord du fleuve Guayas un bateau à vapeur magnifiquement orné, qui l'attendait pour le conduire à Guayaquil avec une garde d'honneur. Il s'embarque, tout entier à l'allégresse; il entrait déjà dans le port lorsque le bateau, virant de bord, se dirige rapidement vers un vaisseau à voile qui attendait à quelque distance de la rade. Noboa demande l'explication de cette manœuvre; pour toute réponse, le capitaine des gardes le saisit comme un vulgaire malfaiteur : « Président, lui dit-il, je vous arrête au nom et par ordre d'Urbina, votre successeur. » Le malheureux vieillard fut emmené au loin et promené pendant des mois sur l'Océan. On apprit plus tard qu'il avait été exilé au Pérou.

Les radicaux célébrèrent ce guet-apens comme une victoire qui sauvait la patrie. Ils offrirent aussitôt la présidence à Urbina. Celui-ci, jouant la comédie jusqu'au bout, se fit prier d'abord; puis, sur leurs instances, et ne considérant que son dévouement à la chose publique, il finit par accepter le fardeau du pouvoir.

Le capitaine des gardes le saisit comme un vulgaire malfaiteur.

CHAPITRE V

Garcia Moreno combat Urbina. — Le journal la *Nacion*. — Arrestation et exil de Moreno. — Son pamphlet *la Vérité à mes calomniateurs*. — Séjour à Paris. — Le travailleur infatigable. — L'apologiste un instant déconcerté. — Garcia Moreno et l'histoire de l'Église.

Garcia Moreno n'était pas d'humeur à supporter paisiblement ces odieuses exactions. Il avait déjà jeté le cri d'alarme dans un volcanique pamphlet qui exaspéra Urbina. Il ne s'en tint pas là : il fonda, le 8 mars 1853, le journal la *Nacion* où il allait prendre corps à corps le tyran et, par sa seule plume, défendre la justice et la liberté contre les armes du pouvoir.

Urbina comprit le danger d'une telle campagne. Il fit avertir Garcia Moreno de ce qui l'attendait si le second numéro de la *Nacion* voyait le jour. « Dites à votre maître, répondit Garcia Moreno à l'envoyé d'Urbina, qu'aux nombreux motifs de continuer le journal se joint maintenant celui de ne pas me déshonorer en cédant à ses menaces. »

Au jour marqué, le second numéro parut. C'était un véritable réquisitoire : Garcia Moreno y clouait au pilori le président Urbina, stigmatisait la politique gouvernementale, rappelait les crimes commis contre l'Église et la brutale expulsion de la compagnie de Jésus. « Honte éternelle, s'écriait-il, à ces lâches oppresseurs de l'innocence, à ces implacables persécuteurs de la vertu. »

La conclusion était un tableau saisissant de l'impéritie gouvernementale. « Avez-vous jamais rencontré un homme ivre? disait la *Nacion*. Avez-vous observé sa démarche incertaine, sa vue trouble, sa parole balbutiante? Il fait mille détours pour trouver son chemin, se heurte à toutes les bornes et attribue ses vertiges à la hauteur des édifices. Toujours vacillant, il se plaint qu'on le pousse et qu'on lui fait perdre l'équilibre. Il roule des yeux hagards, lève la main pour saisir une ombre tenace, sans se douter qu'elle est produite par son propre corps. Il accuse le soleil et se plaint qu'il fait nuit en plein midi, parce que ses yeux obscurcis ne distinguent plus les objets. Épouvanté, il affirme que le sol tremble, parce qu'il ne tient plus sur ses jambes, jusqu'à ce qu'enfin, haletant, somnolent, il tombe et s'endorme pour cuver le vin. C'est la parfaite image de notre Gouvernement : il prépare sa chute, et sa chute sera celle d'un ivrogne. »

C'en était trop pour Urbina. Le jour même où paraissaient ces lignes, Garcia Moreno était arrêté en pleine rue, sur l'ordre du président, avec deux de ses amis. Tous trois furent exilés dans la Nouvelle-Grenade, où ils ne restèrent que quelque temps. Ayant trompé la vigilance de leurs gardiens, ils s'évadèrent des prisons et rentrèrent dans l'Équateur. Cependant la police guettait Garcia Moreno. Rester à Quito c'était s'exposer inutilement au danger et compromettre le succès d'une cause qu'il voulait servir. Il prit le parti de se retirer dans le Pérou pour y attendre le moment de reparaître sur la scène. C'est là qu'il apprit que ses concitoyens, malgré toutes les intimidations gouvernementales, l'avaient élu sénateur à une forte majorité. Le nouvel élu reprit alors le chemin de l'Équateur pour accomplir son mandat, qui lui assurait l'inviolabilité. Mais, par l'ordre d'Urbina, des soudards s'emparèrent de lui et allèrent l'enfermer dans un village de pêcheurs, à Payta. Puis, non contents de violer en lui l'immunité parlementaire et de l'exiler, Urbina et ses complices essayèrent encore de le déshonorer aux yeux de ses compatriotes en le calomniant. Cette nouvelle lâcheté ne déconcerta pas le vaillant champion de la justice. Ne pouvant élever sa voix dans les Chambres, il reprit la plume. « Ils pousseront des cris de rage, disait-il, des imprécations de vengeance, des hurlements de désespoir ; mais à qui la faute ? Ils m'obligent à dire la vérité pour me défendre, et la vérité c'est la lumière qui éclaire, mais aussi le feu qui dévore... On m'accuse d'avoir conspiré contre le Gouvernement et d'avoir embauché les officiers de l'armée; je réponds à mon accusateur qu'il en a menti. Si ce mot l'offusque, qu'il publie la preuve de ses accusations et les dénonciations des militaires embauchés par moi ; oui, qu'il la publie, si le rouge de la honte peut encore se peindre sur son front d'airain. Non, je n'ai pas commis le crime de conspiration; si j'ai commis un crime, c'est celui de ne pas conspirer contre un régime d'oppression et d'ignominie, contre l'organisation du vol et du brigandage. Voilà le délit de lèse-patrie que je confesse et que je me reprocherai toujours.

« On m'accuse d'avoir qualifié de « prostituée » l'Assemblée de Guayaquil et d'avoir affirmé que toutes les incapacités y étaient largement représentées. — Oui, je l'ai dit, seigneur Espinel; et suis-je donc un conspirateur pour avoir délivré un brevet d'incapacité à des rustres qui ne pourraient pas même concourir avec l'âne de Balaam? Mais, dans ce cas, je conspire depuis que je suis au monde, car la nature m'a mis au cœur le penchant irrésistible de donner à chaque chose son vrai nom, et, comme Boileau, j'appelle un chat un chat, Urbina un traître, et la Convention de Guayaquil une prostituée. De quelle épithète qualifier une Assemblée qui, en dépit de la Constitution, de la justice, de la volonté du peuple, de l'honneur national, décrète la barbare expatriation des Jésuites, uniquement parce que l'assassin Obando réclame du traître Urbina l'exécution d'un pacte infâme ? »

Prenant ensuite à partie Urbina, il fait le tableau de ses brigandages, de ses concussions. « C'est parce que vous avez craint ces révélations que vous m'avez jeté hors de l'Équateur. »

Il terminait cette véhémente catilinaire par ces paroles prophétiques qu'inspirait le plus noble patriostisme : « Je pardonnerais à mes ennemis tout le mal qu'ils ont voulu me faire, s'ils eussent travaillé au bonheur de mon pays au lieu d'accroître chaque jour sa disgrâce et de ruiner ses espérances.

« Je leur pardonnerais, s'ils n'abusaient de la stupeur d'un peuple aux abois pour s'engraisser de sa chair comme de vils oiseaux de proie. Ils ont cru que la léthargie, c'était la mort, et, semblables à des chacals affamés, ils ont bondi sur le pauvre patient comme sur un cadavre. Ils ont cru que l'éternelle Providence permettrait toujours de décerner au brigandage un culte et à la prostitution des autels. Mais qu'ils se détrompent ! l'aiguillon de la douleur va tirer le peuple de son engourdissement, un cri de fureur s'échappera bientôt de toutes les poitrines, et le cadavre, retrouvant la chaleur et la vie, se redressera dans la conscience de son droit et le sentiment de sa dignité. Vienne alors l'heure de la justice, et nous jetterons à la côte la horde des tyrans. Avant peu, quiconque voudra trouver Urbina ira chercher sa tombe dans le champ réservé aux infâmes et aux parricides. »

Cet énergique pamphlet, intitulé *la Vérité à mes calomniateurs*, circula dans tout l'Équateur. Ces coups terribles ne tardèrent pas à produire d'heureux résultats. Si Garcia Moreno ne parvint pas encore, cette fois, à arracher le pouvoir à ceux qu'il dénonçait comme les assassins de l'Église et de la société, il les fit du moins tomber dans un complet discrédit, il secoua la torpeur du peuple équatorien, et déjà l'on pouvait entrevoir dans le lointain l'aurore de la délivrance.

Garcia Moreno avait le vague pressentiment qu'il serait l'instrument providentiel de la régénération de sa patrie. Aussi voulut-il ne rien négliger pour se rendre digne de cette héroïque mission. Il résolut, pendant qu'Urbina comblerait la mesure de ses iniquités, de faire son second voyage en France. Il s'embarqua au Pérou, en décembre 1854; un mois après, il était à Paris.

Paris ! la ville des plaisirs, la Babylone moderne ! Hélas! combien de jeunes gens, venus dans son sein puiser la science au prix de bien des sacrifices, se sont laissé prendre à ses appâts trompeurs! Ils ont brisé une carrière qui eût été brillante ou du moins honnête, et n'ont abouti qu'à la honte, au déshonneur, au désespoir de leur famille ! Garcia Moreno comprit le danger; il n'eut garde de s'arrêter au sourire de la grande fascinatrice. De cet asile du *dolce farniente*, de « cette vaste fabrique d'antéchrists et d'idoles », il fit une école de haute science et de vertu.

Le travail fut, durant les trois années qu'il y passa, son inexpugnable rempart. Il s'y livra avec une ardeur incroyable. « J'étudie seize heures par jour, écrivait-il à l'un de ses compagnons d'exil, et si les jours avaient quarante-huit heures, j'en passerais quarante avec mes livres sans broncher. » Il ne cessa d'approfondir toutes les sciences; la chimie avait ses préférences, et il l'étudia sous la direction de l'illustre Boussingault, qui l'admit au nombre de ses disciples intimes. Pour se délasser, il se mettait au courant du mouvement littéraire, politique, industriel et commercial de la France. Il étudia l'organisation de notre instruction publique, il visita nos écoles, nos lycées, nos collèges. Tout l'intéressait, il voulait tout connaître, tout savoir.

Aux sciences humaines Garcia Moreno devait joindre aussi la science de Dieu qui les domine toutes. Il est vrai de dire que, dans aucune circonstance, il ne trahit sa foi chrétienne; cependant les luttes politiques et les préoccupations de l'étude avaient tellement absorbé son âme que sa piété s'était sensiblement refroidie. Une circonstance providentielle le ramena à la pratique chrétienne.

Un jour, des jeunes gens, fanfarons d'athéisme, essayèrent devant lui de tourner en ridicule les dogmes du catholicisme en ressassant les objections, cent fois réfutées, que l'incrédulité leur oppose. Ils comprirent bien vite qu'ils avaient affaire à plus fort qu'eux. Moreno, avec son impitoyable logique et sa science si sûre, n'eut pas de peine à pulvériser les objections, et, entraîné par la chaleur de ses convictions, il leur montra l'enchaînement nécessaire des dogmes chrétiens, leur souveraine grandeur, leur idéale beauté. Les jeunes gens paraissaient subjugués ; mais l'un deux se contenta de répondre : « Vous parlez d'or, cher ami ; mais cette religion si belle, il me semble que vous en négligez un peu la pratique. Depuis quand vous êtes-vous confessé ? »

C'était mettre le doigt sur la plaie; les inconséquences ne siéent pas aux nobles caractères. Déconcerté, l'éloquent apologiste baissa la tête un instant. Bientôt, fixant les yeux de son contradicteur : « Vous m'avez répondu, dit-il, par un argument personnel qui peut vous paraître excellent aujourd'hui, mais qui ne vaudra rien demain, je vous en donne ma parole. » Le lendemain il était à la sainte table, remerciant Dieu de l'avoir fait rougir de sa négligence et de sa tiédeur.

« Vous m'avez répondu, dit-il, par un argument personnel. »

Depuis ce jour, Garcia Moreno reprit ses habitudes chrétiennes pour ne les plus quitter. Chaque jour, avant de se mettre au travail, il entendait la messe à Saint-Sulpice, où il communiait fréquem-

Chaque jour, avant de se mettre au travail, il entendait la messe à Saint-Sulpice.

ment; il n'oublia jamais de réciter le chapelet en l'honneur de la sainte Vierge. Ainsi revêtu de la double armure du travail et de la prière, il fut fort contre toutes les séductions, coudoya le vice sans en être souillé et mena à Paris, pendant trois mois, la vie d'un solitaire.

Cependant l'éducation politique de Moreno n'était pas encore complète. Il assista au coup d'État de 1852. Cette révolution lui suggéra des réflexions sérieuses; il apprit à connaître les peuples, leur inconstance, la puissance d'un homme pour endiguer les flots de la foule en délire et rétablir le calme dans cette mer bouloversée des passions humaines. Mais Garcia Moreno ne rêvait ni la tyrannie ni le césarisme; il eût voulu faire de sa patrie un peuple fort, jouissant d'une vraie liberté. La Providence lui permit d'aller puiser aux sources les plus pures le secret de la véritable grandeur des nations.

Ce fut à cette époque que parut la célèbre histoire de l'Église par l'abbé Rorhbacher, monument gigantesque qui tua le gallicanisme dans les esprits sérieux, porta de si rudes coups à la cité de l'erreur, et montra dans son plus vif éclat la vérité catholique, le rôle civilisateur de l'Église dans le monde.

C'est dans cette vaste encyclopédie doctrinale, longuement étudiée et méditée, que Garcia Moreno alla se pénétrer de l'esprit de Charlemagne et de saint Louis. Il fit table rase de toutes les erreurs dont il avait subi malgré lui l'influence dans l'Université de Quito, et grava profondément dans son esprit cette conclusion que rien n'ébranlera désormais :

« L'Église catholique est la reine du monde. Les rois comme les peuples doivent lui obéir, car, institution divine, elle ne commande jamais que dans les limites de ses droits. »

CHAPITRE VI

Dilapidation d'Urbina et de Roblez. — Retour de Moreno à Quito. — Relèvement des sciences. — L'*Union nationale*, journal de l'opposition. — Garcia Moreno sénateur. — Puissance de sa parole. — Despotisme du Gouvernement. — Révolution du 1er mai 1859. — Garcia Moreno élu président à Quito. — Coup d'État du général Franco à Guayaquil.

Pendant que Garcia Moreno poursuivait activement ses études et se préparait dans l'exil à la mission qu'il plairait à la Providence de lui confier, Urbina écrasait l'Équateur sous un despotisme impitoyable : attentats contre le clergé séculier et régulier, transformation des monastères en casernes, confiscation des séminaires, abandon des écoles primaires, désorganisation de l'enseignement supérieur par la prétendue loi de la liberté des études, qui autorisait les étudiants à prendre leurs grades sans suivre les cours des Facultés; vol, brigandage, licence effrénée, et, pour couronner le tout, vente aux États-Unis des îles Galliparos pour la somme de quinze millions, voilà le résumé des quatre années de présidence d'Urbina.

Le mal semblait incurable : servi par une presse vénale et adulatrice, Urbina, à l'expiration de son administration, réussit à faire nommer un de ses complices pour lui succéder. Le nouveau président, Roblez, conféra en retour à Urbina les plus hautes fonctions militaires, pour lui laisser continuer son œuvre ; il lui permit d'organiser une police qui fermait les yeux sur l'assassinat des prêtres, des officiers, des magistrats, mais qui ne ménageait aux électeurs catholiques ni les coups de bâton, ni les coups d'épée. Comme on le voit, le Président avait changé de nom, mais le régime restait le même : c'était le règne du mal dans toute son horreur.

Cependant, quelque temps après l'élection de Roblez, on fit voter à la Chambre une amnistie générale pour les délits politiques, amnistie que le nouveau président, moins habile et moins prévoyant qu'Urbina, sanctionna comme don de joyeux avènement. Garcia Moreno put donc rentrer à Quito. L'illustre exilé reparut au milieu de ses compatriotes avec tout le prestige d'un chevalier qui a souffert pour la religion et la patrie. On lui offrit les distinctions les plus flatteuses. La municipalité obtint pour lui une des premières charges de la magistrature. Quelque temps après, il fut choisi comme recteur de l'Université; il en profita pour réorganiser la section des sciences, qui n'existait que de nom. Il fit présent à l'Université du magnifique cabinet de chimie qu'il avait possédé à Paris et enseigna lui-même cette science presque inconnue à l'Équateur.

Au milieu de ces travaux multiples, il ne perdit pas de vue le but à poursuivre, la délivrance de son peuple. Pour engager la lutte et secouer la torpeur de cette nation hébétée par une odieuse tyrannie, il fonda *l'Union nationale*, qui fut l'organe des candidats de l'opposition. « Malheur, écrivait-il, malheur à une nation qui, réduite au désespoir, cherche l'oubli de ses douleurs dans le sommeil ; ce sommeil est précurseur de la mort. » Depuis longtemps déjà la Chambre et le Sénat étaient faits à l'image de leur digne chef. Les listes ministérielles ne contenaient que des candidats dociles à leur politique de brigandage, et le Gouvernement ne reculait devant aucun moyen de pression ou d'intimidation pour obtenir le succès. C'était le despotisme avec toutes ses hontes : le peuple n'avait qu'à courber la tête. Il fallut toute la force d'âme de Garcia Moreno pour oser braver ces tyrans. Il prit en main le drapeau de la liberté, réveilla le patriotisme des indépendants, forma un parti national catholique, et, malgré toutes les menaces, malgré le déploiement de forces brutales, malgré le sang versé, la capitale élut Garcia Moreno sénateur. Le 15 septembre 1857, aux applaudissements de tout le peuple, entouré de ses collègues de l'opposition, il prit place au Congrès.

Devenu sénateur, Garcia Moreno ne fit point d'opposition systématique au Gouvernement. Il continua la publication de son vaillant journal. Chaque jour, il mettait sous les yeux de la nation les votes des sénateurs en faisant ressortir leur responsabilité devant ce tribunal suprême. Il intervint lui-même dans les délibérations chaque fois que l'intérêt public fut en cause, et se montra toujours à la tribune, comme partout, l'éloquent défenseur de la justice et de la liberté.

Le peuple équatorien, enhardi par la noble attitude de Garcia Moreno, reprenait conscience de lui-même et n'attendait qu'une occasion favorable pour secouer le joug des dictateurs jumeaux. Cette occasion ne se fit pas attendre.

Les relations entre le Gouvernement de l'Équateur et celui du Pérou devenaient toujours plus tendues. De vagues bruits de guerre circulaient dans le public. Une question de frontière était soulevée entre les deux pays. En réalité, le motif du différend était plus spécieux que fondé, car, comment délimiter des contrées désertes qui s'abordent par des forêts vierges où nul ne peut pénétrer. La vraie cause du conflit était une antipathie profonde entre le groupe Urbina-Roblez et le président du Pérou, espèce de cacique, qui répondait au nom de Castillo, homme astucieux, inquiet de toute rivalité, et jaloux de ses pouvoirs.

Le rappel du ministre péruvien en résidence à Quito fut le signal de la déclaration de guerre. Ce n'était pas la guerre entre deux peuples, mais bien la guerre entre deux influences qui visaient à se détruire. Dans cette conjoncture, Urbina et Roblez sollicitèrent du Congrès des pouvoirs illimités et le transfert de la capitale à Guayaquil, cité ardente et foyer de révoltes.

Garcia Moreno comprenant le danger de cette concession s'y opposa énergiquement. Cette guerre en perspective était, à bref délai, le suicide de la nation équatorienne. D'ailleurs, ne venait-on pas d'apprendre le pacte honteux que ces indignes gouvernants étaient en train de conclure clandestinement avec les États-Unis, pacte qui allait leur rapporter trois millions de piastres. Il était plus commode, pour mener à bonne fin cet odieux marché, de se rendre à Guayaquil où les envoyés des États-Unis devaient se trouver.

Une première séance provoqua une indignation générale,mais ne termina pas les débats. Cependant le Gouvernement,qui redoutait son terrible adversaire, mit tout en œuvre pour arriver à ses fins. Urbina fit poster aux abords des Chambres une escouade de ses sbires avec mission de ne reculer pas même devant l'assassinat. Garcia Moreno ne tint pas compte de ces menaces. Grâce à l'escorte improvisée que lui firent les jeunes patriotes, il put arriver à la tribune. Les Tauras, espèce de sauvages qu'Urbina appelait « ses chanoines », étaient là, debout, sabre au clair, défiant, menaçant l'Assemblée. Loin de se laisser déconcerter par cet appareil étrange, Garcia Moreno reprit la discussion avec plus de feu encore que la veille; il fit comprendre aux sénateurs que cette concession de pouvoirs arbitraires n'avait pour but que de fortifier le despotisme. Leur devoir était de ne pas abdiquer la liberté. Puis, se tournant vers les odieux sicaires, il dénonce d'une voix vibrante l'abominable conduite d'Urbina à l'égard des représentants de l'Assemblée nationale; il les presse de ses paroles de feu, les poursuit tellement de son indignation et de son mépris que les malheureux, troublés, honteux, éperdus, quittent la salle en tremblant. Le retrait du pouvoir dictatorial fut voté à une grande majorité. Ce fut pour la cause de l'ordre et de la justice une victoire dont retentirent joyeusement les voûtes du vieux couvent où siégeait le Congrès. Après la séance, Garcia Moreno fut conduit en triomphe à son domicile.

Les despotes ne se tinrent pas pour battus. N'ayant pu intimider les Chambres, ils prirent le parti de s'en passer. Par une manœuvre nouvelle, Urbina décida onze de ses amis à quitter leurs sièges, ce qui mettait l'Assemblée dans l'impuissance de délibérer. Puis, se donnant le titre nouveau de « Directeur suprême », Roblez créa Urbina général en chef et partit pour Guayaquil sous prétexte de protéger la ville contre les Péruviens. Ce coup d'État, qui était un défi dédaigneux jeté à la face de la nation, eut pour résultat de pousser jusqu'au paroxysme la fureur du peuple et de précipiter les événements. L'instinct de conservation se réveilla vivace au sein des populations affolées. Les membres du Congrès, les hommes influents dans l'armée et dans la noblesse, les simples bourgeois pensèrent qu'ils ne devaient pas assister impassibles au meurtre de la nation, que le moment de réagir était venu. Au surplus, il n'était douteux pour personne que la guerre étrangère était provoquée par la seule présence des dictateurs, et que leur chute était le gage de la paix et de la sécurité. Profitant du moment où le gros de l'armée était à Guayaquil sous les ordres de Roblez, ou à Cuença sous la conduite d'Urbina, une émeute populaire éclata à Quito.

Une troupe considérable de jeunes gens parcoururent la ville, armés de lances et de vieux fusils. La caserne n'opposa aucune résistance, le ministre

Espinel, dépositaire du pouvoir, s'éclipsa prudemment, et la déchéance du Gouvernement fut prononcée aux acclamations enthousiastes de la multitude. C'était le 1er mai 1859. On s'empressa de créer un « Gouvernement provisoire » dont Garcia Moreno fut proclamé président. Ainsi la petite République se trouva partagée de fait en deux États : celui des dictateurs occupant Guayaquil, et la République du Gouvernement provisoire qui devait siéger à Quito.

Garcia Moreno, absent alors de la capitale, n'avait point pris part à ce soulèvement national. Après le coup d'État d'Urbina-Roblez, il s'était rendu à Guayaquil pour conférer avec ses amis sur les moyens de sauver la patrie. Suspecté de comploter contre le Gouvernement, il avait été décrété d'exil, et s'était réfugié au Pérou. C'est là qu'il apprit la nouvelle des événements qui venaient de s'accomplir. Les patriotes, qui l'avaient mis à leur tête sans le consulter, le rappelèrent en toute hâte : « Accourez, vaillant libérateur, lui écrivait-on, les volontaires vous attendent et brûlent de se ranger sous vos ordres. » Garcia Moreno partit sur-le-champ.

Pour gagner Quito, sans se laisser prendre, il s'engagea à travers les déserts et les forêts dans des sentiers peu connus des Cordillères. Cruelles furent les péripéties de ce voyage. A mi-chemin, son guide mourut de la piqûre d'une vipère ; bientôt après, il dut abandonner sa mule que la faim avait épuisée. Lui-même, après avoir longtemps erré à l'aventure, était sur le point de succomber, lorsque, par bonheur, il trouva dans une cabane déserte un peu de farine d'orge dont il fit du pain qui soutint ses forces jusqu'à Quito.

Arrivé à la capitale, où il fut accueilli comme un libérateur, il se rendit d'abord bien compte de la situation. Il n'y avait pas un instant à perdre. Pour entretenir dans les cœurs la flamme du patriotisme et la volonté de combattre, il fonda un nouvel organe, *le Premier Mai*. Ce titre indiquait clairement à tous qu'une ère nouvelle venait de commencer, et le programme, qui parut bientôt, avait tout l'éclat des feux de l'aurore. « A bas les tyrans! » tel fut le cri qui s'échappa de la poitrine du peuple, lorsque, le 1er mai, il brisa ses chaînes. Ce cri de liberté, la presse de l'Équateur, si longtemps bâillonnée par Urbina et Roblez, doit le répéter tous les jours, unissant sa voix à la grande voix de la nation, pour la défendre contre la force brutale et les entreprises criminelles.

«A bas les tyrans! Là où ils règnent, l'intelligence est enchaînée, la loi violée, la nation martyrisée, la République au bord de l'abîme.

« A bas les tyrans! Ils ont confisqué l'Équateur par la force des baïonnettes, ils en ont fait leur patrimoine, ils l'ont opprimé, dégradé, saccagé. Le pauvre esclave n'a plus qu'à rendre l'âme sur le vil grabat où ils l'ont couché!

« A bas les tyrans! Que tous les citoyens s'unissent au Gouvernement provisoire pour créer enfin des institutions civilisatrices et une république digne de ce nom! C'est dans ce but que *le Premier Mai* fait aujourd'hui son apparition. »

Mais on n'était pas à bout des difficultés. Le Gouvernement renversé comptait encore des partisans nombreux, et déjà Urbina et Roblez, qui avaient réuni leurs troupes, s'avançaient à marches forcées vers la capitale, bien décidés à ressaisir le pouvoir. La situation était grave : ce n'était pas une plume qu'il fallait, mais une épée. Sans hésiter, Garcia Moreno quitte l'une pour prendre l'autre et se met à la tête des jeunes volontaires. Il avait alors trente-huit ans. L'emploi de toutes les armes lui était familier, son corps était robuste, sa bravoure allait jusqu'à la témérité. Quant à la tactique, il ne la connaissait que par ses lectures et ses réflexions; aussi reçut-il de l'expérience quelques rudes leçons dont il sut profiter.

Il raccola comme il put sept ou huit cents volontaires et, avec cette troupe improvisée, il marcha au-devant d'Urbina, qui l'attendait dans une forte position défensive, avec quinze cents soldats bien exercés. Le combat fut acharné; pendant six heures, chef et soldats firent des prodiges de valeur ; mais, enfin, il fallut céder. La déroute fut complète. Garcia Moreno n'avait échappé à la mort que par miracle : il avait eu deux chevaux tués sous lui. Pour se soustraire à la captivité, il fut contraint d'accepter le cheval d'un de ses amis, le colonel Ventimilla. Il s'éloigna à travers bois et parvint à Ambato dans un lamentable dénûment. Comme ses amis l'entouraient : « Avant tout, un morceau de pain, dit-il ; depuis trois jours je n'ai rien mangé. »

Deux jours après, il rentrait à Quito où la population, bien qu'abattue, le reçut avec de grandes démonstrations de joie.

Puisque l'homme de la patrie vivait encore, il restait du moins l'espérance.

Malgré son insuccès, Garcia Moreno ne se laissa pas décourager et reprit sa tâche avec plus d'ardeur que jamais. Ne pouvant compter sur l'appui des armes, il eut recours à la diplomatie. Il résolut de gagner à sa cause le président Castilla. Il se rendit, à cet effet, au Pérou, non sans avoir cent fois couru le risque de tomber entre les mains d'Urbina. Castilla le reçut vec beaucoup d'égards et de courtoisie; mais Garcia Moreno ne tarda pas à se convaincre qu'il convoitait une portion du territoire équatorien et que, pour avoir son appui, il fallait conclure avec lui un pacte infâme. Il n'y avait donc rien à espérer de ce côté, et aucune autre solution ne paraissait possible. Cependant des circonstances imprévues débarrassèrent l'Équateur des deux hommes néfastes qui l'avaient torturé pendant huit ans. Un de leurs satellites, le général Franco, voyant l'impopularité des deux dictateurs, et, d'autre part, ambitionnant lui-même le pouvoir, trahit leur confiance etles fit déporter sans autre forme de procès. Mais il n'eut garde de perdre les fruits de sa facile victoire. Ne reculant, lui, devant aucune trahison, il offrit à Castilla les concessions du territoire convoité, à condition qu'il pourrait compter sur son appui pour parvenir à la présidence de la République équatorienne. Là-dessus, il organisa une comédie électorale et se fit décerner le pouvoir suprême par son propre parti, sans tenir compte des provinces de l'intérieur, plus que jamais dévouées au Gouvernement provisoire établi à Quito.

CHAPITRE VII

Garcia Moreño essaye inutilement d'empêcher la guerre civile. — Drame de Riobamba. — Premiers succès de l'armée des Patriotes. — Honteuses spéculations de Franco. — Indignation de l'Équateur. — Florès, général en chef. — Victoire de Babahoyo. — Siège mémorable de Guayaquil. — Fuite de Franco.

Il y eut alors, en réalité, deux Gouvernements dans l'Équateur : l'un à Quito, qui s'appuyait sur le droit et la majeure partie de la nation ; l'autre à Guayaquil avec, pour chef, le traître Franco, et, pour soutien, les troupes de la plaine et tous les fauteurs de désordre. Les troupes d'Urbina exilé, cantonnées sur le plateau, se réunirent promptement au Gouvernement provisoire.

Le moment était critique : ce n'était pas seulement la guerre étrangère, mais encore la guerre civile qui était imminente. Sans désespérer de rien, Garcia Moreno fait appel aux volontaires, qui viennent en foule se grouper autour de lui ; il crée une armée régulière qu'il organise et exerce ; il transforme en fabrique d'armes une importante manufacture de cotonnade ; il veille à tout, dirige tout, apparaît partout, consacre au travail ses nuits, comme ses jours. « Hélas ! disait-il avec douleur, je puis tout dominer, même la faim ; mais le sommeil, après quarante-huit heures de travail, est plus fort que moi ! »

S'il ne s'était agi que de défendre l'intégrité du territoire contre le Pérou, qui ne convoitait rien moins que la « Perle du Pacifique », Garcia Moreno n'eût pas hésité un instant à entamer les hostilités. Mais, combattre contre Franco, c'était faire la guerre à des frères, à des compatriotes, c'était verser le sang de ceux qui n'auraient dû le répandre que pour la patrie. Pénétré de ces douloureuses réflexions, il essaya, par un sublime désintéressement, d'obtenir une paix honorable. Il vint trouver Franco ; il l'adjura, au nom du patriotisme et de l'honneur, de renoncer à ses infâmes projets, de cesser une guerre fratricide et d'unir leurs forces contre les Péruviens. Comme preuve de sa loyauté, il proposait de se retirer, de lui céder le titre de général et toute la gloire de la défense nationale.

Franco était incapable de comprendre ce noble langage ; il refusa net et n'eut pas même honte d'envoyer sur la route de Quito des assassins avec mission de se saisir de Moreno et de le massacrer sans pitié. Heureusement, la manière de voyager de celui-ci à travers les montagnes déconcerta tous les plans. Avare de son temps, il ne perdait pas une seconde : les sentiers les plus impraticables, les pentes, les défilés, il les parcourait à cheval, avec une telle vitesse qu'il défiait toutes les poursuites. Les assassins ne purent l'atteindre, et Garcia Moreno parvint heureusement à Riobamba où il se disposa à demeurer quelques jours pour y inspecter les compagnies qu'il savait soumises à contre-cœur au Gouvernement provisoire.

C'est là qu'il lui arriva une aventure qui faillit lui devenir fatale. Une nuit que Moreno se reposait au camp, les soldats se mutinent, sous la conduite de deux chefs, et le commandant Palacio le fait arrêter et conduire en prison. On lui demande de donner sa démission : « Jamais, répondit-il ; vous pouvez briser ma vie, mais aucun de vous n'est assez fort pour briser ma volonté. » L'exécution est décidée, mais remise au lendemain. En attendant, officiers et soldats, avides de pillage, se répandent dans la ville, où ils se livrent à la débauche et à l'ivrognerie. Quelques sentinelles seulement étaient de faction à la porte du cachot. D'un œil d'envie, elles regardaient leurs camarades plus heureux, désolées de ne pouvoir, comme eux, prendre part au sac de la cité. Bientôt la tentation devient irrésistible : elles désertent les unes après les autres, abandonnant la surveillance à la sentinelle de l'intérieur. Garcia Moreno, qui avait prévu ce moment, s'approche alors de cet unique gardien, et, avec ce ton d'autorité qui impose le respect : « A qui donc, lui dit-il, as-tu fait serment de fidélité ? — Au chef de l'État, répond le soldat rassuré. — Le chef légitime de l'État, c'est moi : tes officiers sont des rebelles et des parjures. N'as-tu pas honte de leur prêter main-forte et de trahir ainsi ton Dieu et ta patrie ? » Effrayé, le sol-

Le soldat tombe à genoux et demande grâce.
« Je te ferai grâce, si tu veux m'obéir et remplir ton devoir. »

dat tombe à genoux et demande grâce. « Je te ferai grâce, si tu veux m'obéir et remplir ton devoir. »

Quelques instants après, il franchit les portes de la prison, traverse Riobamba, et rencontre, à quatre lieues de la ville, quatorze de ses fidèles soldats qui venaient à sa rencontre. Avec un homme comme Moreno, ces quatorze braves valaient une armée. Au lieu de se rendre avec eux à Quito, il tourne bride, et, sans perdre une minute, reprend le chemin de Riobamba. Ils rentrent bientôt dans la ville, où règne un profond silence. Les soldats mutinés, encore abrutis par l'ivresse, dormaient d'un sommeil pesant. La petite troupe les réveille. A travers les formes indécises de leurs rêves interrompus, ils croient avoir affaire à une armée et se rendent sans résistance. Les principaux chefs sont traînés sur la place publique, le farouche Palacio à leur tête. Séance tenante, Garcia Moreno improvise un Conseil de guerre avec ses quatorze compagnons. Fièrement campés sur leurs chevaux et armés jusqu'aux dents, ils délibèrent. Une sentence de mort est prononcée contre les rebelles. Moreno leur donne une demi-heure pour songer à leur âme ; un prêtre est appelé et mis à leur disposition. Palacio refuse son ministère et tombe le premier sous les balles du peloton d'exécution. Exemple étonnant de l'ascendant que peut prendre sur le vulgaire une âme forte et résolue! Cet étrange coup d'audace et la discipline de fer qu'il établit le rendirent maître des restes des bandes d'Urbina. Un seul obstacle empêchait la pacification, le pseudo-Gouvernement du misérable Franco, à Guayaquil.

Cependant l'entente de ce dernier avec Castilla devenait de plus en plus manifeste. On connaissait, d'une part, les prétentions du Pérou ; d'autre part, on n'ignorait pas que Franco était prêt à toutes les lâchetés pour trouver un appui à son ambition. D'ailleurs, ne venait-il pas d'ouvrir la porte aux ennemis de son pays en laissant débarquer six mille Péruviens à l'embouchure du Guayas? Ce déploiement de forces, que rien ne légitimait, était déjà une insulte pour l'Équateur. Garcia Moreno dénonça au peuple l'infâme conduite de ce traître, et lui persuada que le moment était venu de sauver la patrie de l'invasion étrangère ou de mourir avec elle. Il mit en mouvement tous les moyens d'action qu'il avait préparés d'avance et conduisit au-devant de l'ennemi sa petite armée qui brûlait de combattre. Un premier engagement eut lieu à Piscuzco, non loin de Quito, le 20 janvier 1860. Grâce aux habiles manœuvres de Garcia Moreno et au courage de ses vaillants soldats, la victoire resta aux vrais pariotes. Sans perdre un instant, ils poursuivirent tous les adhérents de Franco et, en moins de deux mois, une série de brillants succès ne laissa à ce dernier que la province de Guayas, où il se cantonna avec ses troupes.

Cependant la nouvelle se répandit bientôt que, pour s'assurer définitivement la protection du Pérou contre le Gouvernement provisoire de Quito, Franco venait de céder à prix d'argent la partie du territoire équatorien que les Péruviens convoitaient.

Ce honteux marché fit bondir d'indignation tous les cœurs honnêtes; et, pendant que les riches propriétaires offraient leurs biens, les jeunes gens réclamaient des armes et s'enrôlaient volontairement pour la cause de la patrie. Encore une fois, Garcia

Moreno essaya d'éveiller le sentiment de l'honneur et du patriotisme dans cette âme abjecte. Ce fut en vain ; l'ambition n'écoute pas ces sentiments. Il n'y avait plus qu'à tenter, les armes à la main, un suprême effort sous les murs de Guayaquil, dont le lâche Franco avait fait le boulevard de son odieuse trahison.

Sur ces entrefaites le général Florès, qui suivait de son exil les luttes de son pauvre pays, écrivit au chef du Gouvernement provisoire pour lui offrir le concours de son épée. Si Florès, malgré ses défauts, était un homme d'honneur et pouvait oublier ses rancunes, Garcia Moreno ne haïssait que le mal et faisait bon marché de ses sentiments personnels. Il répondit aussitôt à l'ancien président : « Venez immédiatement, je vous nomme général en chef. »

La campagne fut donc résolue. Les deux chefs ne se faisaient pas illusion sur les difficultés de cette entreprise ; ils n'avaient que des recrues, et il eût fallu les vétérans de Bolivar. Cependant, enthousiasmée par les vibrantes proclamations de Garcia Moreno, la petite armée se mit en marche. Elle descendit le versant occidental de la Cordillère des Andes. On comprendra sans peine les difficultés d'une marche sur Guayaquil, si l'on se rappelle la configuration du pays que l'armée devait traverser. Pendant plus de seize heures elle eut à traîner armes et bagages, munitions de toutes sortes au milieu des précipices, des fondrières, des torrents impétueux. Il fallait, en outre, user d'adresse et de prudence afin de ne pas donner l'éveil à l'armée de Franco qu'il importait de surprendre en débouchant dans la plaine.

Celui-ci, en effet, avec le gros de l'armée, occupait fortement Babahoyo, ville située au pied des Cordillères et sur les bords du fleuve Guayas qui la relie à Guayaquil. Un deuxième corps, sous la conduite du général Léon, se tenait sur la route de Ventanas, à droite du fleuve, pour attendre de ce côté les soldats de Quito et soutenir Franco au besoin.

Du premier coup d'œil, Florès juge la situation. Les attaquer de front, il ne fallait pas y songer. L'important était d'empêcher la jonction des deux armées. Sans donner l'éveil au général Léon, Florès tourne nuitamment, malgré d'indicibles fatigues, l'armée de Franco, la surprend à l'improviste, et, après trois heures de combat, l'armée des patriotes était maîtresse de Babahoyo. La déroute avait été générale ; Franco lui-même fut blessé à l'épaule ; poursuivi par un lancier qui le pressait l'épée dans les reins, il n'eut que le temps de se précipiter sur un vaisseau qui le ramena à Guayaquil. Le général Léon ne trouva rien de mieux à faire que d'aller l'y rejoindre avec son corps d'armée ; là, du moins, ils se croyaient tous deux en sûreté.

Franco comprit alors qu'il avait beaucoup à rabattre de ses projets ambitieux. Il voulut néanmoins conserver un simulacre de pouvoir. En désespoir de cause, il fit proclamer par un Comité servile l'indépendance de Guayaquil sous le protectorat du Pérou. Le sentiment du patriotisme pesait peu dans la balance de Franco. Mais le courage de Moreno et de sa vaillante troupe devait déjouer ce dernier plan.

Après la prise de Babahoyo, il fallut tout un mois à l'armée de Garcia Moreno pour s'approcher de Guayaquil. Franco pensait bien que son adversaire en serait pour ses frais et qu'il ne lui restait qu'à reprendre le chemin de Quito. De fait, il semble que toutes les difficultés possibles se soient réunies autour de la « Perle du Pacifique » pour en faire une cité imprenable.

La plaine de Guayaquil forme une presqu'île qui s'avance en pointe sur l'Océan. La ville domine la plaine ; du côté de la route de Quito, l'entrée de la cité est défendue par une colline hérissée de canons. A gauche serpente le Guayas, dont les eaux vont se jeter à la mer, après avoir contourné la place. A droite s'étend un terrain boueux, l'*Estero salado*, sorte de bras de mer isolant complètement Guayaquil de la plaine qui l'entoure.

Le côté du marais parut à Garcia Moreno et à Florès le seul point vulnérable, en ce sens que l'ennemi ne songerait pas à le défendre. Il ne pouvait, en effet, venir à l'esprit de personne que des troupes en armes pussent s'aventurer dans cet inextricable labyrinthe. Qu'on en juge plutôt. Le bras de mer à traverser était divisé en trois parties dans sa largeur. C'était d'abord un marais boueux et fétide d'où émergeait une forêt de mangliers aux racines élevées et entrelacées. En sortant du marécage, on rencontrait un canal d'une trentaine de mètres pour retrouver un autre bourbier et une seconde plantation de mangliers en fouillis.

C'est à travers cette triple barrière que Garcia Moreno conduisit, au milieu de la nuit, sa petite troupe avec armes et bagages. Qui pourrait dire les efforts surhumains de ces vaillants soldats? Huit heures durant, ils se débattirent au milieu de cette ornière immonde, au travers d'inextricables broussailles. L'artillerie surtout n'avançait qu'au prix des plus héroïques efforts : on portait plutôt qu'on ne traînait les canons et les affûts; des soldats, perchés sur les arbres, les soulevaient avec des cordes, tandis que d'autres, s'enfonçant dans l'eau fangeuse, les soutenaient et les poussaient de leurs bras nerveux. On en voyait portant sur leurs

L'artillerie surtout n'avançait qu'au prix des plus héroïques efforts.

épaules des poids considérables. Garcia Moreno lui-même, donnant toujours l'exemple lorsqu'il s'agissait d'héroïsme, s'était emparé d'un caisson de 50 kilos et s'était élancé en avant. Enfin, après d'inimaginables difficultés, ces braves soldats arrivèrent à la plaine. On devine en quel lamentable équipage, couverts de boue, les pieds meurtris, les jambes ensanglantées, ruisselants de sueur, mourant de soif. Et leur situation, à cette heure, n'était pas sans péril. Ils avaient devant eux les canons de

Garcia Moreno lui-même, donnant toujours l'exemple, s'était emparé d'un caisson de 50 kilos et s'était élancé en avant.

Franco, derrière eux ce bourbier fangeux prêt à les engloutir vivants s'ils avaient le malheur de reculer. Il n'y avait plus qu'à vaincre ou à mourir.

L'attaque commença le 24 septembre 1860, à onze heures du soir. La garnison, stupéfaite de se voir attaquée par l'artillerie sur un point si bien défendu, s'enfuit, après un siège de quelques heures, à travers les rues de la ville, et se retira derrière la colline. Le lendemain, à neuf heures, tout était terminé. Franco, désespéré, s'était embarqué sur un bateau péruvien, laissant la cité entre les mains des deux héros, Florès et Garcia Moreno.

La prise de Guayaquil avait eu lieu le 24 septembre 1860, fête de Notre-Dame de la Merci. Le chrétien, qui, dans cette tentative surhumaine, avait mis sa confiance dans le secours du Ciel, n'eut garde d'attribuer au génie de l'homme le mérite de cette victoire. C'est pourquoi Garcia Moreno décréta que la Libératrice des Équatoriens serait invoquée désormais comme la patronne de l'armée de la République et que, chaque année, au retour de ce glorieux anniversaire, le Gouvernement et l'armée assisteraient officiellement aux solennités de l'Église : « La République de l'Équateur, ajoutait-il, vient d'être arrachée à la plus funeste et à la plus honteuse des captivités. »

CHAPITRE VIII

Garcia Moreno, président provisoire. — La question électorale et la Constitution. — Garcia Moreno, élu président à l'unanimité. — Premières réformes. — L'administration, l'armée. — L'enseignement chrétien. — Le Concordat.

On connaît la réflexion de Cicéron, lorsqu'il se rendit en Sicile, après le départ de Catilina : « On dirait, écrivait-il, que les bêtes fauves ont passé par ces lieux. » Garcia Moreno avait réussi à chasser de son pays le trio néfaste qui l'avait rivé au joug révolutionnaire. Il ne fut pas longtemps à constater qu'ils n'avaient laissé après eux que des ruines. La religion, traitée en proscrite, était sans influence, le commerce et l'industrie étaient paralysés, les finances à sec, la banqueroute aux portes de l'État.

Il ne s'agissait plus maintenant de combattre les démolisseurs, mais de relever l'édifice social et de l'asseoir sur des fondements assez solides pour résister aux futurs assauts que ne manqueraient pas de tenter les vaincus.

Avant de mettre la main à cette œuvre de renouvellement, Garcia Moreno voulut avoir une mission légitime et des pouvoirs suffisants. Il obtint d'abord du Gouvernement provisoire la réforme électorale qui lui semblait essentielle pour la sincérité de la réforme nationale. Il prouvait, d'ailleurs, qu'il n'avait nulle peur de la forme démocratique, puisqu'il proposait de substituer le suffrage universel direct au suffrage à deux degrés. L'élection devint donc directe et l'électorat fut étendu à tous les hommes de vingt et un ans sachant lire et écrire. Il n'y eut qu'une voix d'un bout à l'autre de l'Équateur pour acclamer le héros victorieux d'Urbina et de Franco : Garcia Moreno fut porté à la présidence avec des pouvoirs plus étendus pour réorganiser les finances, l'armée et l'instruction publique. Mais le nouveau président ne voulait pas s'en tenir à une réforme superficielle, qui ne serait pas durable. Son but était de doter son pays d'une Constitution catholique, « seul moyen de moraliser le pays par l'énergique répression du crime et l'éducation solide des jeunes générations, de protéger la sainte religion des ancêtres et de réaliser les réformes que ni le Gouvernement ni les lois ne peuvent obtenir par eux-mêmes ». Aussi proclama-t-il la nécessité impérieuse d'un pouvoir exécutif très bien armé, et exigea-t-il de l'Assemblée, comme condition *sine qua non* de son acceptation, l'autorisation de conclure un concordat avec le Souverain Pontife. Ce programme approuvé, Garcia Moreno se mit à l'œuvre.

Son premier soin fut de réformer l'administration des finances. S'attaquant de front aux abus les plus criants, il chassa sans pitié toute cette race d'accapareurs, de financiers interlopes, frelons insatiables, toutes les non-valeurs si âpres à la curée, et s'entoura de coopérateurs intègres, laborieux, dévoués. Travailleur acharné, il fut impitoyable contre les paresseux, quels que pussent être leur nom, leur rang, leur condition ; toute recommandation d'homme politique devint un cas d'exclusion pour un employé. Il créa un système de comptabilité qui lui permit d'établir nettement un tableau comparatif des recettes et des dépenses. Une cour des comptes centralisa dans la capitale le contrôle de tous les employés. Toute négligence, toute infidélité était impitoyablement punie de l'amende ou du retrait de l'emploi.

Garcia Moreno s'occupa ensuite de l'armée qui, depuis la guerre de l'indépendance, disposait du pays, des propriétés, souvent de la vie des concitoyens, et, par ses *pronunciamentos*, du Gouvernement lui-même. La dernière révolte de Riobamba lui avait fait toucher du doigt cette plaie du militarisme qui faillit tout compromettre et qui pouvait encore perdre l'Équateur. « Une armée sans discipline, disait-il, est un ulcère qui ronge l'État. Ou je la réformerai, ou je la briserai... L'habit noir doit primer l'habit rouge. Ou ma tête sera clouée au poteau, ou l'armée rentrera dans l'ordre. » Il édicta les règlements les plus sévères, se montra impitoyable contre les émeutiers et fit jeter en prison tous les récalcitrants, officiers et soldats.

L'administration épurée, l'armée disciplinée, il commença à jeter les premiers fondements de la civilisation chrétienne, dont il voulait doter son pays. On sait l'importance capitale de l'éducation de la jeunesse. C'est, en effet, dans la formation de l'esprit et du cœur de l'enfant que se trouve en germe l'avenir des sociétés ; c'est à cette source que celles-ci vont puiser le principe de leur vitalité ou la cause de leur ruine, suivant qu'elle est pure ou empoisonnée. Garcia Moreno ne l'ignorait pas. Aussi n'eut-il rien plus à cœur que de rétablir dans son pays l'enseignement catholique, que la Révolution en avait banni depuis vingt ans. Dans ce but, il appela à son aide les congrégations françaises, toujours prêtes à travailler sous tous les climats à l'œuvre de Dieu. Les centres importants virent bientôt fleurir des écoles et des pensionnats sous la direction des Frères des Écoles chrétiennes et des religieuses du Sacré-Cœur ; les Sœurs de Charité reparurent dans les hôpitaux et les prisons, et les Jésuites rappelés furent rendus à leurs collèges et à leurs missions. Il va sans dire que la presse libérale jeta les hauts cris contre le président jésuite, qui transformait l'Équateur en couvent. Mais Garcia Moreno n'était pas homme à s'émouvoir pour si peu. Il laissa dire et continua son œuvre.

Le nouveau président ne se contenta pas de réformer les abus les plus criants dans l'ordre matériel et dans l'ordre moral. Voulant guérir radicalement, transformer la société, il devait s'attaquer à la cause même du mal, détruire le principe fondamental de la Révolution, à savoir, la subordination de l'Église à l'État. Il jugea que le moment était venu de briser les entraves imposées à la Reine du monde par un faux libéralisme sans cesse usurpateur et toujours plus tyrannique. Dans ce but, il sollicita et obtint du Congrès l'autorisation de conclure un Concordat avec le Saint-

Siège. Les raisons qu'il faisait valoir témoignent autant de la justesse de son esprit que de la grandeur de ses vues.

« Pour que l'influence religieuse, disait-il, s'exerce avec tous ses avantages dans la vie sociale, il faut que l'Église marche à côté du pouvoir civil dans de véritables conditions d'indépendance. Au lieu de l'absorber ou de la contrarier, l'État doit se borner à la protéger d'une manière efficace et conforme à la justice. Donc, plus d'ingérence du pouvoir civil dans la nomination des prélats séculiers ou réguliers, et vous cesserez de voir des prêtres indignes éclipser de vrais apôtres du Christ, au grand préjudice de la religion et de la société ; plus d'appels des tribunaux ecclésiastiques aux juges séculiers, et alors disparaîtra le spectacle immoral de criminels assurés de l'impunité. Ensuite, organisons des collèges, des séminaires, des missions, pour que l'influence sociale du clergé réponde enfin au but de son institution. »

Ces idées, Garcia Moreno en poursuivit la réalisation avec son activité ordinaire. Il envoya immédiatement à Rome un négociateur, Don Ignatio Ordonez, en qualité de plénipotentiaire. Après six mois de discussion, le projet de Concordat fut signé par le cardinal Antonelli et Don Ignatio Ordonez. Pour en rédiger les articles, on n'eut qu'à reproduire presque textuellement les intructions envoyées par le Président.

« La religion catholique, apostolique et romaine est la religion de l'État, à l'exclusion de tout autre culte ou de toute société condamnée par l'Église. Elle sera conservée perpétuellement dans son intégrité, avec tous ses droits et prérogatives, conformément à l'ordre établi par Dieu et aux prescriptions canoniques.

« L'instruction à tous les degrés se modèlera sur les principes de l'Église catholique. Les évêques auront seuls le droit de désigner les livres dont on devra faire usage pour l'enseignement des sciences ecclésiastiques, et de celles qui intéressent la foi ou les mœurs. De plus, ils exerceront avec une pleine liberté le droit qui leur appartient de proscrire les livres contraires à la religion et à la morale. Le Gouvernement prendra toutes les mesures nécessaires pour empêcher l'introduction de pareils livres dans la République. Quant à l'Université, aux collèges, aux écoles primaires, les évêques, investis par Dieu du droit de veiller sur la doctrine et les bonnes mœurs, en auront la haute inspection.

« Le Souverain Pontife, ayant juridiction dans toute l'Église, évêques et fidèles pourront communiquer librement avec lui, sans que les lettres ou rescrits pontificaux soient soumis a l'*Exequatur* du pouvoir civil. Les évêques jouiront d'une pleine liberté dans l'administration de leur diocèse, ainsi que dans la convocation ou la célébration des synodes provinciaux ou diocésains.

« L'Église exercera sans entraves son droit de posséder et d'administrer ses biens. Le for ecclésiastique sera rétabli dans son intégrité. Les causes des clercs seront dévolues à l'autorité ecclésiastique, sans qu'on puisse en appeler aux tribunaux séculiers. Les appels comme d'abus sont et demeurent supprimés... »

Le 22 avril 1863, le Concordat fut solennellement promulgué dans la capitale et dans toutes les villes de l'Équateur, à la grande joie de tous les catholiques. Par cet accord si fondé en droit, en justice et en raison, l'Église de l'Équateur se trouva débarrassée des liens dont on l'étreignait; elle pouvait maintenant reprendre sa marche féconde en répandant partout ses inépuisables bienfaits. Les cœurs des vrais catholiques, jusque-là oppressés par la domination tyrannique de l'esprit révolutionnaire, se dilataient maintenant au souffle de cet esprit nouveau. On saluait déjà partout l'aurore d'une renaissance chrétienne. — S'il faut juger de la grandeur des princes par le bien qu'ils font à leurs peuples, on peut dire que, par cet acte de haute sagesse politique, le héros chrétien de l'Équateur s'élève au-dessus de tous les hommes d'État moderne, sans en excepter le plus grand de tous, Napoléon, dont il eut le génie, non pas les errements. Sa place est d'ores et déjà à côté de Charlemagne et de saint Louis.

CHAPITRE IX

Manœuvres d'Urbina. — L'excommunié Mosquera. — Les députés anticoncordataires. — Attitude ferme de Garcia Moreno. — Proclamation de Mosquera. — Guerre contre la Nouvelle-Grenade. — Défaite de Cuaspud. — Confiance de Garcia Moreno. — Appel aux armes. — Patriotisme des Équatoriens. — Traité de Pinsaqui. — Menées révolutionnaires. — Complots. — Exécution de Maldonador. — Moreno se justifie devant le peuple d'avoir outrepassé la Constitution.

Les rudes coups que Garcia Moreno venait de porter successivement à la Révolution et la perspective de la contre-révolution qui pouvait assurer sa victoire excitèrent naturellement la rage des ennemis de l'Église. Ceux-ci ne s'en tinrent pas à de platoniques anathèmes. Il fallait à tout prix arracher le pouvoir à ce tyran exécrable, ou le faire disparaître de la scène du monde. Une ligue se forma secrètement dans le but de le renverser. Urbina, qui avait voué une haine implacable à l'auteur de sa chute et de son exil, était l'âme de cette vaste conspiration. Mais que faire sans une armée? Il vint frapper à la porte du Pérou et rappeler à son président Castilla le traité d'alliance qu'il avait conclu avec lui à l'effet d'envahir l'Équateur. Volontiers Castilla, qui convoitait toujours une portion du territoire équatorien, eût donné suite à ses projets, si l'expiration de son mandat, non renouvelé, n'était venue trop tôt anéantir ses espérances. Son successeur eut assez de clairvoyance et d'honnêteté pour ne pas marcher sur les traces de Castilla, dont il désavoua, d'ailleurs, la politique, et il vécut en paix avec l'Équateur.

Urbina ne se tint pas pour battu. Il orienta ses intrigues du côté de la Nouvelle-Grenade, où trônait un président digne de lui, Mosquera, vieux guerrier de l'indépendance, qui, après avoir longtemps servi les intérêts de la cause conservatrice et catholique, s'était mis, par ambition, à la tête des révolutionnaires des États de Colombie. Il avait réussi à se faire porter par eux à la présidence et était devenu un des plus acharnés persécuteurs de l'Église.

Pie IX, en apprenant les cruautés dont ce Néron moderne se rendait coupable, disait en pleurant : « Mosquera marche à grands pas vers l'enfer ouvert pour le recevoir. » Le saint Pontife finit par excommunier ce misérable et écrivit aux évêques :

« Nous élevons la voix pour vous intimer l'ordre de refuser le serment qu'on vous demande. De notre autorité apostolique nous condamnons, réprouvons et déclarons nulles et de nul effet toutes les lois attentatoires aux droits de l'Église de Dieu, rappelant à leurs auteurs qu'ils ont encouru les peines et les censures promulguées par les conciles contre les usurpateurs de ces mêmes droits. Qu'ils tremblent en se rappelant cette parole du Seigneur : « Terrible sera le jugement de ceux qui abusent de leur puissance ! »

Urbina avait donc tout à espérer d'un homme en lutte ouverte contre l'Église et ennemi, d'ailleurs, de Garcia Moreno. Au surplus, Mosquera caressait, comme le plus cher de ses rêves, une vaste confédération des trois républiques de la

Nouvelle-Grenade, du Vénézuéla et de l'Équateur dont il serait, naturellement, le suzerain incontesté. Il pourrait ainsi étendre son radicalisme et continuer sur un plus vaste champ la guerre contre le christianisme, qui reparaissait jeune et vigoureux sur les côtes du Pacifique. Comme on pense bien, la démarche d'Urbina fut loin de lui déplaire; promettre son concours c'était travailler à la réalisation de ses plans, car Urbina disposait — du moins il le prétendait — d'un parti puissant dans l'Équateur. Cependant, avant d'en venir à la force, Mosquera voulut épuiser d'abord tout ce que la ruse et l'hypocrisie sont capables d'inspirer. Il écrivit donc à « son bon et très cher ami » le président de l'Équateur, pour lui proposer, dans le but de « resserrer l'union des deux peuples », de négocier la reconstitution de l'antique république, sous le régime d'un Gouvernement fédéral. Garcia Moreno n'eut garde de donner dans le piège ; il fut poli, courtois même dans sa réponse, mais ferme.

Mosquera attendit dès lors une occasion favorable pour entrer en campagne. C'était alors l'époque des élections dans l'Équateur, et Mosquera comptait bien qu'elles seraient hostiles au président. Il ne se trompait pas. Travaillée par tous les mécontents, l'opinion s'était laissé surprendre et avait fini par croire que Garcia Moreno était allé trop loin. On représenta aux électeurs que le Concordat n'était rien moins que la domination de l'Église dans l'État, que c'était, de plus, un défi porté à toute l'Amérique et la cause de tous les troubles qui agitaient leur pays.

Aussi la grande majorité du Congrès fut-elle composée d'anticoncordataires.

Garcia Moreno ne se laissa point émouvoir devant l'attitude hostile des nouveaux députés. Comme il n'avait accepté le pouvoir que par patriotisme et par dévouement, il se montra résolu à l'abandonner plutôt que de toucher à un de ses actes, qu'il regardait à bon droit comme le salut du pays. « Pour gouverner un État et surtout un État républicain où la fragilité des institutions et la fréquence des révolutions mettent à chaque instant la société à la merci des passions sans frein, il faut avant tout moraliser le peuple, et, pour moraliser le peuple, il faut restituer à l'Église l'indépendance dont l'a dotée son divin fondateur. Voilà pourquoi, dit-il, en vertu de l'autorisation que m'a donnée la Convention de 1861, j'ai promulgué solennellement, après échange de ratification, le traité conclu avec le Saint-Siège. Libre à vous de me désapprouver, mais non d'infirmer un traité ratifié et promulgué en vertu d'une autorisation expresse du pouvoir constituant. »

Le conflit durait encore et la démission du Président était imminente, quand Mosquera, profitant de ces divisions, et comptant sur l'approbation unanime de l'Équateur, lança une fulgurante proclamation où il annonçait que le moment était venu d'arracher à l'oppression théocratique un peuple ami, et de reconstituer la grande confédération colombienne.

Lorsqu'on apprit cette nouvelle, ce fut dans tout

l'Équateur un cri d'indignation. Le sentiment patriotique l'emportant sur toute autre considération, députés et sénateurs condamnèrent la proclamation de Mosquera « comme une insulte à la nation et l'équivalent d'une déclaration de guerre ».

Cependant, avant de répondre par les armes, Garcia Moreno voulut d'abord épuiser tous les moyens de conciliation : tout fut inutile. Aux avances loyales et sincères, Mosquera répondit par la duplicité et la rouerie, tout en continuant ses provocations et ses injures.

La guerre était donc inévitable : sur l'avis du Président, Florès passa la frontière, mais ce ne fut pas sans de cruelles appréhensions. Il n'avait avec lui que des troupes novices; il sentait, d'ailleurs, trop bien qu'il ne pouvait pas compter sur bon nombre de ses officiers et de ses soldats. La rencontre se fit à Cuaspud. Le choc fut d'abord impétueux de part et d'autre. Les soldats de Florès chargèrent vaillamment l'armée ennemie; déjà même celle-ci commençait à plier et la victoire paraissait assurée. Tout à coup, sans que rien pût expliquer ce revirement, plusieurs bataillons de la 2e division mirent crosse en l'air et donnèrent le signal de la débandade. Les soldats de Mosquera reprirent aussitôt l'offensive et la trahison rendit la victoire aux vaincus.

La nouvelle de cette défaite jeta la consternation dans tout l'Équateur. Mieux que tout autre, Garcia Moreno comprit toute l'étendue de ce malheur. Mais, dans son âme virile, il n'y avait pas de place pour le désespoir. Dès qu'il eut appris la déroute de son armée, il lança cette proclamation où l'on sent vibrer l'énergie d'une âme que l'épreuve a meurtrie, mais non brisée :

« Compatriotes, il a plu à Dieu de nous éprouver ; nous n'avons qu'à adorer ses insondables desseins. Deux officiers arrivés à Harra ont rapporté que notre armée vient d'être battue à Cuaspud. Bien que nous ignorions encore les détails du combat, la défaite n'est pas douteuse.

« Équatoriens, aujourd'hui plus que jamais il faut de grands efforts pour sauver la religion et la patrie ; aujourd'hui plus que jamais il faut opposer à notre injuste agresseur la barrière du courage héroïque et d'une invincible constance.

« Aux armes donc, fils de l'Équateur ! volez à la frontière pour combler les vides de l'armée. Implorons tous ensemble la clémence du Très-Haut, et, forts de son appui, nous obtiendrons la victoire ou la paix. »

Cet appel fut entendu : d'un bout à l'autre de l'Équateur, on courut aux armes. « Non ! s'écrièrent les jeunes gens de Quito, nous ne souffrirons pas qu'une poignée de sauvages vienne souiller notre sol et nos temples ; nous n'attendrons pas, les bras croisés, que le barbare Mosquera, les mains teintes du sang de nos frères, vienne briser nos saintes images, fermer nos églises, exiler nos prêtres. Nous montrerons que nous savons combattre pour la religion du Christ et pour notre nationalité, double et précieux héritage que nous laisserons, coûte que coûte, à ceux qui viendront après nous. »

A la vue de ce soulèvement en masse, Mosquera se prit à réfléchir ; il jugea prudent de battre en retraite. Ses émissaires furent honteusement chassés et poursuivis, puis enfin livrés aux juges. Finalement il signa sans condition, non sans avoir auparavant épuisé toutes les ruses, le traité de Pinsaqui, qui stipulait la paix et l'amitié entre les deux pays.

Le danger semblait passé; mais ce n'était là que le premier feu d'un terrible combat. Garcia Moreno vit bientôt se dresser devant lui d'autres ennemis non moins redoutables et, un moment, il ne se crut pas en état de les vaincre. Au dehors, deux nations effectivement hostiles malgré une paix apparente; au dedans, toutes les forces révolutionnaires, qui se réunissaient pour paralyser ses efforts. Il ne fallait même plus compter sur la magistrature, qui faisait cause commune avec la franc-maçonnerie. On en avait eu la preuve après la défaite de Cuaspud : Garcia Moreno avait cité les traîtres devant la cour suprême; celle-ci les avait acquittés. Découragé, ne pouvant plus répondre de la discipline dans ces conditions, le Président envoya sa démission au Congrès.

Un tel acte de désintéressement produisit une vive émotion sur les membres de l'Assemblée et leur donna à réfléchir. Il fallait être aveugle pour ne pas voir que Moreno était le seul homme capable d'endiguer le flot montant de la Révolution et que, lui disparaissant, rien ne pourrait désormais en prévenir les ravages. Il se fit donc un revirement subit dans l'esprit de l'Assemblée, qui s'était montrée tout d'abord si hostile. La démission fut rejetée à l'unanimité, plusieurs lois furent abrogées et Garcia Moreno garda encore la présidence.

A la nouvelle de ce dénouement inattendu, le parti révolutionnaire poussa des cris de rage. On délibéra dans les loges sur le moyen d'abattre le Président. Le poignard du sicaire leur parut le plus rapide et le plus sûr. On organisa des complots; on trouva dans l'armée nombre d'officiers assez complaisants pour en assurer le succès, entre autres le général Maldonado, que l'on croyait coupable de la conspiration de Cuaspud. Le Président eut vent de ce qui se tramait et manda aussitôt Maldonado pour lui reprocher sa déloyauté : « Je vous pardonne, lui dit-il, mais, si je vous reprends à conspirer, tout général que vous êtes, je vous ferai fusiller sur la place de Quito. »

Maldonado ne prit pas au sérieux ces menaces. Quelques mois plus tard, il se retrouvait à la tête d'une nouvelle conspiration que révéla un officier poussé par le remords. Les coupables furent saisis sur l'heure, à l'exception de Maldonado, qui avait eu le temps de s'enfuir. « Le malheureux ! s'écria le Président, qu'il se cache bien! Je ferai au rebours de ce qui se pratique d'ordinaire ; je ne frapperai aucun des criminels de second ordre ; malheur au chef ! il faut un exemple. »

Pour son malheur, en effet, Maldonado fut découvert et conduit sous bonne escorte à Quito. Les révolutionnaires furent d'abord frappés de stupeur. Cependant, en songeant à l'embarras où se trouvait Garcia Moreno, ils conservèrent l'espoir de sauver le général. La Constitution n'accordait au Président que le droit de condamner le coupable à la déportation ou de le livrer aux juges. Or, la première peine était illusoire ; quant à la justice des tribunaux, elle était vendue à l'opposition. Garcia Moreno ne se laissa pas arrêter par cette impasse. Il avait dit à Maldonado qu'il le ferait fusiller : il tint parole. Ni les supplications, ni les menaces ne purent fléchir son implacable justice. Maldonado paya de la vie son infâme trahison. Aussitôt après, le Président justifia sa conduite dans une proclamation qu'il adressa au peuple : « Équatoriens, votre repos, vos biens, votre vie même sont menacés depuis trop longtemps par des criminels que l'or du Pérou a corrompus, et dont notre législation assure l'impunité.

« Le Gouvernement doit opter entre deux partis extrêmes : laisser l'ordre public, vos intérêts les plus chers, vos lois, votre constitution, sombrer dans l'anarchie sous les coups de ces brigands, ou prendre sur lui la grosse, mais glorieuse responsabilité de comprimer leurs fureurs par des moyens sévères mais justes, terribles mais nécessaires. Je serais indigne de la confiance dont vous m'avez honoré, si j'hésitais un instant à encourir n'importe quelle responsabilité pour sauver la patrie.

« Aussi, qu'on le sache bien, ceux que l'or aura corrompus tomberont sous le plomb vengeur : au crime succédera le châtiment, et, je l'espère, aux périls qui nous menacent, la paix, objet de vos désirs. S'il faut sacrifier ma vie pour obtenir ce résultat, je l'immolerai de bon cœur à votre repos et à votre félicité. »

Délivré de Maldonado, le Président tourna ses armes contre Urbina qui n'avait pas encore renoncé à la lutte. A la tête de deux ou trois cents flibustiers de tout acabit, il s'appliquait de son mieux à révolutionner les provinces du midi. Mais l'accueil peu bienveillant qu'on lui fit partout l'encouragea peu dans cette voie ; d'autre part, les mesures énergiques que Garcia Moreno venait de prendre ne laissèrent pas de lui inspirer de fortes appréhensions. Aussi jugea-t-il prudent de déguerpir avec sa bande. Il se réfugia dans la province du Pérou pour y méditer de nouveaux projets.

CHAPITRE X

Nouvelles tentatives d'Urbina. — Expédition audacieuse de Garcia Moreno. — Combat de Jambelli. — Découverte des complices d'Urbina. — Exécution de Viola, avocat de Guayaquil.

Quatre années s'étaient écoulées depuis que Garcia Moreno avait pris en mains le pouvoir. Par les seules ressources de son génie et la puissance de sa volonté, il avait terrassé la révolution, malgré l'appui que n'avaient cessé de lui prêter les puissances voisines. Le Concordat était implanté, la réforme sociale triomphait des oppositions du Congrès.

Cependant une dernière lutte devait marquer la fin de sa première présidence. L'incorrigible Urbina, furieux de voir toujours sa proie lui échapper, résolut de jouer son va-tout. Il concerte avec ses complices un audacieux coup de main. Une cinquantaine de ses partisans armés de poignards et de revolvers s'emparent un jour d'un navire marchand, *le Washington*, qui s'était éloigné du port de Guayaquil. A l'aide de ce vaisseau, ils pénètrent nuitamment jusqu'à la rade, s'approchent en silence du vapeur *Guayas*, l'unique vaisseau de guerre que possédât l'Équateur, se précipitent sur l'abordage, massacrent le commandant et les marins désarmés, et, attachant *le Guayas* à la remorque du *Washington*, l'entraînent en pleine mer, ainsi qu'un troisième navire, *le Bernardino*, pour compléter la flottille. Le lendemain, le bruit se répandait à Guayaquil que trois vaisseaux, sous la conduite d'Urbina, mouillaient dans la rade de Jambelli. A cette nouvelle, les révolutionnaires de toutes nuances commencèrent à lever la tête et à chanter victoire.

Garcia Moreno malade reposait à la campagne quand on vint lui annoncer ce nouveau soulèvement. Il se lève aussitôt, rédige plusieurs décrets pour le *Journal officiel* du lendemain, part pour Guayaquil et tombe comme la foudre au milieu de la municipalité, qui délibérait sur sa déchéance. Sur-le-champ Garcia Moreno proclame l'état de siège, lance une proclamation où il déclare qu'Urbina et ses complices ne sont que des pirates, des assassins, que tout vaisseau de guerre étranger a le droit de combattre. Lui-même prend, sans tarder, des mesures pour purger la côte de cette race de bandits.

Mais comment faire? Il n'avait pas un seul vaisseau à sa disposition. Sur ces entrefaites, un vapeur anglais, *le Talca*, aborde à Guayaquil. Garcia Moreno l'achète, avec l'assentiment du consul anglais, et l'arme incontinent comme il peut. Mais bientôt le commandant anglais se ravise, et, sans plus de façon, prétend reprendre son vaisseau. « Mon drapeau, dit-il, est le drapeau anglais, et l'on me passerait sur le corps avant d'y toucher. » Garcia Moreno n'entendait pas la plaisanterie dans d'aussi graves conjonctures. « Eh ! bien, lui répliqua-t-il, dardant sur lui son regard de feu, si vous y tenez absolument, voici mes soldats. Je vais vous faire fusiller et votre drapeau vous servira de linceul. » L'Anglais eut le bon sens de s'en tenir à sa première parole, ce qui dispensa d'exécuter la menace.

Enfin le vaisseau fut, tant bien que mal, armé de cinq canons, de munitions de toute espèce, de haches et d'engins d'abordage. Mais ne fallait-il pas une singulière audace pour aller avec une force navale si maigre attaquer quatre bâtiments, dont un vaisseau de guerre ? N'importe ! Garcia Moreno était de ces audacieux que la fortune favorise. « Il ne me faut que des braves, dit-il à ses soldats avant l'embarquement ; à droite qui veut me suivre. » En un clin d'œil tous sont à sa droite. Ne pouvant les emmener tous, il en choisit deux cent cinquante qu'il embarqua sous ses ordres. Au moment du départ, il leur dit : « Mes amis, j'ai tenu à honneur de vous accompagner. Je veux être témoin de votre discipline et de votre valeur afin de vous récompenser dignement. Je regrette de n'avoir à vous donner pour adversaires que des ennemis indignes de vous, des forbans, des assassins, les derniers des scélérats. Mais la patrie vous impose ce devoir, et, pour la sauver, il n'y a pas de sacrifice qui soit au-dessus de votre courage. En avant donc pour la patrie, et que chacun fasse son devoir en homme de cœur ! » — « Vive Garcia Moreno ! » répondent les soldats ; et les voilà partis pour combattre la puissante flottille d'Urbina. Ils arrivent bientôt. « Une seule décharge ! - dit Moreno ; puis le poignard à la main et en avant ! »

La décharge, bien dirigée, fait un trou béant dans le flanc du *Guayas*.

Avec la rapidité de l'éclair, *le Talca* file droit sur lui, et, d'un formidable coup d'éperon, agrandit la brèche. Les soldats, armés de poignards et de revolvers, s'élancent aussitôt à l'abordage, Moreno en tête ; ils culbutent ou massacrent tout ce qui résiste, font quarante-cinq prisonniers et voient le vaisseau couler sous leurs yeux. Terrifiés par ce succès inouï, les deux autres navires amènent leur pavillon. Sans perdre un instant *le Talca* se dirige vers *le Washington*. Monté

Les soldats, armés de poignards et de revolvers, s'élancent aussitôt à l'abordage, Moreno en tête.

par Urbina, Roblez et leurs troupes, il se tenait paisiblement à l'ancre, presque à sec, à quelques mètres de la côte. Officiers et soldats, qui venaient de célébrer joyeusement, au milieu de copieuses libations, leur facile victoire, étaient plongés dans le sommeil ou l'ivresse. Au bruit du canon ils s'éveillent en sursaut ; la surprise fait bientôt place à l'épouvante. Leur effroi est tel qu'ils ne songent même pas à se défendre. Ils s'enfuient en canot ou à la nage, à la suite d'Urbina, et gagnent au plus vite, en pataugeant dans la vase, l'ombre des bois voisins. Dans leur précipitation ils ne purent emporter la caisse où se trouvait une forte somme en faux billets de banque, ni même la correspondance secrète des traîtres de Guayaquil, dont on allait enfin connaître les noms.

L'affaire terminée, Garcia Moreno, n'ayant pas assez de forces pour atteindre les fuyards, reprit le chemin de Guayaquil.

Cependant les nombreux témoins qui avaient assisté au départ de cette expédition audacieuse et téméraire n'avaient pas douté un instant que Garcia Moreno ne fût allé au-devant d'une mort certaine. Les amis d'Urbina se réjouissaient déjà à la pensée que leur chef préféré allait faire bientôt son entrée triomphale à Guayaquil. Quelle ne fut pas leur déception, lorsqu'ils aperçurent du rivage Garcia

Moreno debout sur le pont du navire anglais, que suivaient modestement *le Washington* et les autres vaisseaux reconquis. Une clameur immense de joie s'échappe alors de toutes les poitrines, les cloches mêlent leurs joyeuses volées aux salves de l'artillerie et aux vivats enthousiastes de la foule. Les urbinistes de la ville se gardent bien de trahir leur secrète déception. Bien plus, à cette heure, Garcia Moreno ne paraît pas avoir de plus chaleureux admirateurs. Mais cette manœuvre ne devait pas réussir à ceux qui s'étaient compromis dans le dernier complot.

Les papiers saisis révélèrent en effet les complices d'Urbina, entre autres un certain avocat de Guayaquil, nommé Viola, qui fut cité en conseil de guerre. Bien résolu à payer d'audace, il comparut devant le Président et les chefs militaires, le front haut et le sourire aux lèvres. « Docteur Viola, lui dit Moreno, quelle peine mérite un conspirateur qui a fourni un navire à Urbina révolté? — La mort, Monsieur le Président. » Il lui présenta alors plusieurs lettres qui ne laissaient pas le moindre doute sur sa trahison. « Docteur Viola, êtes-vous l'auteur de ces lettres? — Je ne le puis nier. — Préparez-vous donc à recevoir le châtiment des traîtres. Vous serez fusillé dans trois heures. »

Rien n'était capable de fléchir cette volonté de fer, lorsqu'elle avait prononcé un châtiment mérité. Les intercesseurs se succédèrent pour obtenir indulgence : il fut inébranlable, même devant les supplications de sa vieille mère qu'il aimait passionnément. « Ma mère, demandez-moi tout ce que vous voudrez, avait-il répondu, excepté un acte de faiblesse qui perdrait le pays et sauverait quelques scélérats pour leur livrer des milliers d'innocents. »

Garcia Moreno considérait avec raison le châtiment du crime comme un des plus importants devoirs de sa charge : et aucune puissance humaine n'était capable de le faire dévier de la ligne du devoir. Il savait d'ailleurs que la fermeté seule pouvait déshabituer ce malheureux pays de ses incessantes révolutions.

CHAPITRE XI

Présidence de Carrion. — Sa politique néfaste du juste milieu. — Mission de Garcia Moreno au Chili. — L'assassin Viteri. — Présidence inattendue d'Espinoza. — Catastrophe d'Ibarra. — Dévouement de Garcia Moreno.

Le retour de Garcia Moreno à Quito, où la nouvelle de sa glorieuse expédition l'avait précédé, fut un triomphe. La foule enthousiaste, avide de détails, lisait, les larmes aux yeux, ce touchant hommage rendu au héros par un urbiniste gracié, témoin du combat : « Salut à toi, patriote sans tache, héroïque soldat, qui, entouré d'un groupe de braves, mis en fuite des milliers de traîtres.

« Salut à toi, cœur vraiment généreux : qui donc sacrifie sa vie comme toi, comme toi méprise la mort ? A voir le feu qui brille dans ton regard, le pirate éperdu s'enfuit.

« Je t'aperçois encore dans le feu du combat, nouvel Achille, l'épée au poing, enflammant tes soldats de ton ardeur guerrière.

« J'entends encore les cris enthousiastes des vainqueurs qui, debout sur ton navire, t'appellent le père de la patrie !

« Et maintenant, laisse-moi te saluer comme un ange de paix, héros magnanime dont le monde un jour chantera les exploits. Je te dois la vie, je te dois l'honneur. Tu as suivi l'inspiration de ta conscience et de ton Dieu ; tu as eu pitié de moi.

« La patrie te remercie de l'avoir sauvée, l'univers applaudit ta vaillance, Guayaquil t'offre une couronne, et moi je t'offre ma vie en holocauste. Volontiers je répandrai pour toi mon sang jusqu'à la dernière goutte. Sois béni, sois mille fois béni, ô Garcia Moreno. »

Toutefois ces transports d'allégresse étaient troublés par la pensée que le moment était venu où le Président allait quitter le pouvoir, la Constitution s'opposant à deux élections successives.

L'héroïsme dont il venait de faire preuve dans ce combat naval, sa droiture, sa justice, les inappréciables services rendus prouvaient hautement à tous qu'il était l'homme nécessaire. Avec lui, on n'avait rien à craindre ; seuls les malfaiteurs n'étaient pas en sûreté. Sans lui qu'allait-on devenir ?

Garcia Moreno eût pu aisément profiter des dispositions favorables du peuple équatorien et garder le pouvoir. Il s'y refusa. Avec ce désintéressement qui est la marque inimitable des grandes âmes, il se retira à la campagne pour y refaire sa santé et ses forces dans des travaux agricoles.

En quittant la présidence, Garcia Moreno avait réussi à faire élire son ami Carrion de Cuença. Celui-ci débuta avec les meilleures intentions du monde. Il était honnête, dévoué à la religion et à l'Église; mais il n'avait point la décision, la force de volonté nécessaires à un homme d'État. Il se laissa peu à peu circonvenir par la coterie libérale, et, afin de plaire à tout le monde, il essaya de suivre la politique du juste-milieu, système de bascule d'où l'on finit inévitablement par faire la culbute dans l'abîme.

Les radicaux ne dissimulaient pas leur joie : Carrion était le président modèle, et son premier ministre le plus habile politique qui fût jamais. Mais, en attendant, ils tiraient adroitement leur épingle du jeu : ils commencèrent une guerre ouverte contre l'ex-président, dont l'ombre seule paralysait leur audace antireligieuse. Ils ne demandaient rien moins que sa mise en accusation. Pour couper court à ces attaques déloyales, le trop complaisant Carrion, suivant toujours sa politique de prédilection, prit le moyen terme d'éloigner Garcia Moreno. Il l'envoya au Chili comme ministre plénipotentiaire, chargé de contracter entre la république et l'Équateur un traité de commerce et de navigation.

Ses ennemis n'espéraient pas davantage. Ils louèrent à outrance la sagesse du Président, tandis que, dans les loges, on décidait que l'envoyé extraordinaire ne reviendrait pas du Chili. Ce complot satanique ne resta pas à l'état de projet. Garcia Moreno partit de Guayaquil, le 27 juin 1866, n'ayant, pour toute escorte, que son secrétaire Pablo Herrera, son parent Ignatio de Alcazar, et une petite nièce de huit ans, qui se rendait à Valparaiso. On n'ignorait pas qu'il devait s'arrêter quelques jours à Lima pour conférer avec le Président Prado. Le 2 juillet, le train venant du Cullao entrait en gare de Lima vers midi. L'illustre envoyé avait à peine mis pied à terre, tandis qu'il prenait dans ses bras la petite fille pour la déposer sur le quai, qu'un certain Viteri, parent d'Urbina, se précipite sur lui le pistolet au poing, et décharge plusieurs balles. Garcia Moreno fut blessé au front et à la main droite. C'était évidemment un attentat prémédité, et l'assassin eût dû être jugé et condamné sans délai. Mais n'oublions pas que nous sommes dans le Pérou, où la bande maçonnique est toute-puissante. On traîne, on traîne en longueur pour laisser se dissiper les premières impressions. Enfin on instruit l'affaire, on récuse les témoins oculaires comme amis et confidents de Garcia Moreno ; on s'en rapporte aux dépositions des complices et l'assassin est acquitté aux applaudissements de la secte.

Cette honteuse prévarication des juges, Garcia Moreno dédaigna de la relever. Guéri de ses blessures, il se hâta de reprendre la mer et de se rendre au Chili. Malgré les calomnies que n'avaient pas manqué de répandre les radicaux, il fut reçu avec tous les égards dus à son mérite personnel et à la haute charge dont il était revêtu. Sa mission fut couronnée du plus heureux succès : toutes les affaires en litige furent réglées au grand avantage des deux nations.

« De plus, durant les six mois qu'il passa dans le Chili, Garcia Moreno eut l'occasion d'entrer en rapport avec la noblesse et les illustrations de la capitale. Partout on admira sa science profonde, son noble caractère, et cet ensemble de dons éminents qui font l'homme supérieur. Dans les sociétés

Un certain Viteri, parent d'Urbina, se précipite sur lui, le pistolet au poing, et décharge plusieurs balles.

savantes où il eut l'occasion de se faire entendre, il étonna par ses vastes connaissances, et surtout par son système de régénération sociale basé sur les lois de l'Église, c'est-à-dire sur le catholicisme intégral. Les sociétés chiliennes se passionnèrent pour ce grand homme qui, tout heureux de rencontrer des cœurs chrétiens pour le comprendre et l'aimer, s'y attacha d'autant plus que le libéralisme de son pays l'avait peu habitué à cette bonne fortune. Plus tard, il ne parlait jamais sans émotion de son voyage au Chili[1].

A son retour, Garcia Moreno, après avoir rendu compte de sa mission, se retira auprès de son frère Pablo, qui avait établi un commerce important à Guayaquil. Il résolut de travailler avec lui : il était sans fortune et devait se préoccuper de mettre sa famille au-dessus des craintes et des soucis matériels. D'ailleurs, que faire à Quito? Le Gouvernement n'avait pas voulu écouter ses conseils : il s'était abandonné à une politique qui devait nécessaire-

1. R. P. Berthe.

ment le conduire à l'abîme. Déjà elle portait ses fruits : les radicaux relevaient la tête, ils conspiraient à ciel ouvert contre la religion et contre l'État lui-même. Ils ne tardèrent pas à forcer les portes du Corps législatif et à s'y installer en maîtres. Ils firent invalider l'élection de Garcia Moreno, que les conservateurs avaient réussi, malgré les intrigues urbinistes, à porter au Sénat. Le Président Carrion comprit alors ses fautes : mais il était trop tard. Il avait été jusque-là le trop complaisant instrument des révolutionnaires : ceux-ci n'en ayant plus besoin se disposaient maintenant à le briser.

On s'attendait donc à un coup d'État, et personne n'était capable de l'empêcher. Sur ces entrefaites, Garcia Moreno vint à Quito, où la maladie grave de sa petite fille venait de le rappeler subitement. La nouvelle de son arrivée se répand bientôt dans la ville. Les conservateurs reprennent confiance : ils vont à lui comme à un libérateur que la Providence leur envoie. Garcia Moreno, qui n'était jamais sourd à la voix du devoir, se rend à leurs supplications. Avec son habileté et son énergie habituelles, Garcia Moreno déjoue le plan des sénateurs radicaux. Il va trouver Carrion, il lui fait comprendre que le salut de la République exige sa démission ; il l'obtient. Par son ascendant sur les Chambres, il réussit à faire acclamer Président Don Javier Espinosa, avocat de talent, estimé de tous les partis pour son esprit de justice, et d'ailleurs sincèrement catholique. La crise était passée; il restait encore dix-huit mois jusqu'à l'achèvement de la période constitutionnelle.

Mais ce n'est pas l'intelligence et le talent qui font les hommes d'État. Pour gouverner il faut surtout du caractère, et c'est le caractère qui fait le plus souvent défaut. Le nouveau Président avait sans doute d'excellentes qualités, mais il n'eut pas non plus l'énergie suffisante pour résister aux sollicitations des partis. Comme son prédécesseur, il voulut plaire à tout le monde, en appelant au Gouvernement les hommes de toutes nuances. Les radicaux en profitèrent pour miner sourdement le terrain. Garcia Moreno eut beau attirer son attention sur leurs agissements, il se heurta contre un système gouvernemental absurde, qui consistait à se renfermer tout entier dans la stricte légalité et à n'en sortir que pour sévir contre les délits évidents.

Garcia Moreno, que le spectacle d'une si coupable faiblesse écœurait, prit le parti d'en détourner ses regards et d'aller chercher, loin des luttes politiques, le calme et la paix qui semblaient le fuir. Il sentait d'ailleurs le besoin de retremper son âme dans la vie de famille, après les cruelles épreuves qu'il avait subies durant les dernières années. Il avait perdu sa digne et vertueuse épouse Rosa Ascasubi, qui ne lui avait laissé qu'un fils. Le petit Gabriel était tout jeune encore et ne pouvait se passer de l'affection et du dévouement d'une mère. Cette considération avait décidé Garcia Moreno à épouser, en secondes noces, la senora Mariana de l'Alcazar, nièce de sa première femme.

« Quand il communiqua son projet d'alliance à la mère de la jeune fille, la noble femme lui répondit en pleurant qu'elle redoutait les jours troublés et les nuits d'angoisses qui avaient abrégé la vie de sa pauvre sœur. Elle ne voulait pas pour sa fille d'une existence qui consistait à se demander tous les jours si on ne lui rapporterait pas son mari le cœur percé d'une balle ou d'un coup de poignard. Cependant, comme on ne résistait point à la volonté de Garcia Moreno, il avait uni son sort à celui de la senora Mariana, dont la jeunesse, l'amour et le courage ne craignirent point d'affronter les tempêtes qui épouvantaient sa tendre mère. Depuis lors, les angoisses n'avaient guère cessé : l'attentat de Lima, l'odieuse invalidation prononcée par les sénateurs, finalement la perte d'une petite fille, premier fruit de leur amour, avaient initié la jeune femme à son long martyre[1]. »

Garcia Moreno se retira donc à la campagne, avec sa famille, dans la vaste hacienda qu'il avait

1. P. Berthe.

achetée aux environs d'Irra, dans la grande plaine de Gualacha. C'est là qu'il espérait finir ses jours, dans les joies paisibles du foyer, uniquement occupé de ses troupeaux et de l'exploitation de son domaine. Mais il était écrit qu'il n'y aurait pas un moment de repos ici-bas pour cet homme extraordinaire. A peine avait-il établi sa tente dans sa hacienda de Gualacha qu'une catastrophe horrible se produisit dans la province d'Ibarra. Le 13 août 1868, les volcans qui couvrent le pays firent entendre de sourdes rumeurs ; des oscillations répétées et menaçantes jetèrent l'effroi parmi les habitants. Ce n'était, hélas ! que le prélude d'un immense désastre ! Dans la nuit du 15 au 16, la violence des secousses fut telle, que les maisons et les églises s'écroulèrent en quelques secondes et ensevelirent sous leurs décombres et dans les abîmes du sol entr'ouvert plus de cinq mille personnes de la seule ville d'Ibarra. La province tout entière, brûlée par la lave et l'eau bouillante vomies par les volcans, n'offrait plus que le spectacle de la plus affreuse désolation. Et comme si ce n'était pas encore assez, des hordes de sauvages indiens descendus des montagnes se précipitèrent au milieu de ces ruines comme des oiseaux de proie sur des cadavres. Comment apporter un secours efficace à cette malheureuse contrée ? Tous les esprits se tournaient vers Garcia Moreno comme vers un sauveur. Son nom volait déjà de bouche en bouche, lorsqu'il reçut officiellement du ministre l'ordre de se rendre à Ibarra, comme chef civil et militaire de la province et investi de tous les pouvoirs.

Moreno abandonna aussitôt sa chère solitude et se consacra tout entier à cette difficile mission. Son dévouement et son génie, dont il déploya toutes les ressources, triomphèrent des plus insurmontables difficultés. Il commença par purger la province des bandes de pillards qui l'infestaient. Pendant que les soldats maintenaient à distance les voleurs et les sauvages, il conduisait en personne les troupes et les compagnies d'ouvriers sur les endroits les plus bouleversés par la commotion ; il faisait déblayer le terrain, traversait le premier les torrents, les précipices et les cavernes creusés par le tremblement de terre. Grâce à son courage, qu'aucun danger

Grâce à son courage, qu'aucun danger n'arrêtait, on put trouver sous des monceaux de débris des centaines de victimes.

n'arrêtait, on put trouver, sous des monceaux de débris, des centaines de victimes auxquelles il restait encore un souffle de vie et que des soins empressés purent arracher à une mort certaine.

Afin de donner à ce pauvre peuple, qui se mourait d'inanition, la nourriture nécessaire, il fit venir de Gualacha tous les vivres et provisions de sa propriété ; il sollicita la charité des provinces, organisa des convois, réprima l'avarice de certains trafiquants qui étaient venus spéculer sur la misère publique. Enfin, grâce à son inflexible énergie, l'ordre fut rétabli en peu de temps ; on envisagea l'avenir avec plus de confiance ; des routes furent tracées au milieu des décombres, premiers linéaments de la cité nouvelle, qui devait bientôt surgir des ruines d'Ibarra.

Sa mission terminée, Garcia Moreno quitta la ville renaissante, au milieu des larmes et des bénédictions de tout un peuple qui saluait en lui un sauveur et un père.

CHAPITRE XII

Faiblesse du Gouvernement d'Espinoza. — Candidature de Garcia Moreno. — Terreur des radicaux. — Nouvelle conspiration. — Coup d'État pacifique. — Proclamation de Garcia Moreno. — Enthousiasme du peuple équatorien.

L'année 1868 touchait à sa fin, et les pouvoirs d'Espinoza expiraient en août 1869. On ne pouvait plus compter sur ce placide Président, dont les coupables complaisances pour le parti libéral et révolutionnaire finirent par éloigner de lui-même ses amis les plus fidèles. Le parti conservateur s'occupa activement de lui trouver un successeur. Garcia Moreno, au jugement de tous les vrais patriotes, était seul capable d'arracher l'Équateur aux griffes de la Révolution et de reprendre l'œuvre de la civilisation chrétienne. Celui-ci, il est vrai, se souciait fort peu du pouvoir, qui n'était à ses yeux qu'une lourde charge, un poste de sacrifice et de dévouement. Il était d'ailleurs fatigué, comme il le disait souvent, de lutter pour des hommes aussi stupides que les libéraux, lesquels n'avaient que trop mérité de passer par les verges d'Urbina. Cependant il fallait sauver l'Équateur, et il avait juré de ne pas laisser retomber le peuple entre les mains de ce despote. Aussi, lorsqu'il apprit que l'Union libéro-radicale avait choisi pour candidat don Francisco Aguirre, qui s'était montré déjà le zélé partisan d'Urbina, dont il était d'ailleurs parent, le héros d'Ibarra n'hésita pas. Il posa sa candidature, et lança sa profession de foi à la grande joie des conservateurs. Il expliquait les motifs de sa décision. « Son refus mettait en péril les plus chers intérêts du peuple, la candidature de Francisco Aguirre préparait les voies à l'homme néfaste qui ne méritait de rentrer dans l'Équateur que pour monter sur l'échafaud. D'ailleurs, l'honneur lui faisait un devoir d'accepter cette candidature : les calomnies et les outrages dont il était l'objet de la part de ses ennemis étaient un défi : il le relevait devant le peuple, qui allait être le juge;

il attendait avec confiance son verdict. » En terminant, il faisait connaître à la nation les principes qui devaient toujours diriger sa conduite tant qu'il serait au pouvoir. « Respect et protection à l'Église catholique ; adhésion inébranlable au Saint-Siège ; éducation basée sur la foi et la morale ; diffusion de l'enseignement à tous les degrés ; achèvement des routes commencées et percement de nouvelles voies selon les besoins et les ressources du pays ; garanties pour les personnes, les propriétés, le commerce, l'agriculture et l'industrie ; *liberté pour tous et pour tout, excepté pour le crime et les criminels ;* répression juste, prompte et énergique de la démagogie et de l'anarchie ; maintien de nos bonnes relations avec tous nos alliés ; promotion aux emplois de tous les citoyens honorables, selon leurs mérites et leurs aptitudes : voilà mon programme. Je veux tout ce qui peut contribuer à faire de l'Équateur un pays moral et libre, riche et vraiment civilisé. Tels sont mes principes, telle sera ma règle de conduite, si les suffrages du peuple m'appellent à exercer le pouvoir. »

La lecture de ce manifeste exaspéra, comme on le pense bien, la ligue libéro-radicale. D'autre part, le nom de Garcia Moreno était déjà acclamé partout : son élection était assurée. Les radicaux le comprirent si bien, qu'ils prirent le parti de ne pas attendre les élections et de s'emparer du pouvoir par une nouvelle conspiration.

Les conservateurs ne tardèrent pas à dévoiler le plan des conjurés dont Urbina était l'âme. Ils en informèrent en toute hâte Garcia Moreno, qui s'occupait tranquillement à Gualacha de ses champs et de ses troupeaux, laissant à ses amis le soin de soutenir sa candidature. La situation était en effet des plus critiques. On ne pouvait pas compter sur le Gouvernement pour comprimer une conspiration. Fermant obstinément les yeux sur tout ce qui ne paraissait pas au grand jour, il ne connaîtrait certainement l'existence du complot que lorsqu'il serait renversé. Il n'y avait qu'un moyen de salut : devancer les radicaux et faire en faveur de la cause catholique le coup d'État que les anarchistes allaient tenter pour la Révolution. Ce moyen était extrême sans doute. Mais qui pourrait soutenir qu'il était illégitime dans ces graves conjonctures? En choisissant Espinoza, les conservateurs n'avaient eu d'autre but que d'écarter Urbina. Et voilà que par ses faiblesses il trahissait leurs espérances, servait la cause des révolutionnaires et devenait en quelque façon le marchepied de l'assassin de la patrie. Au reste il n'y avait pas de temps à perdre. Garcia Moreno apprit que les radicaux, craignant de laisser échapper leur proie, avaient devancé l'exécution de leurs desseins. Le 16 janvier au soir, il convoqua ses amis pour concerter les dernières mesures à prendre.

« Si vous voulez sauver le pays, dit-il, ce n'est pas demain qu'il faut agir, c'est aujourd'hui, c'est ce soir. Il est dix heures; vers minuit, je me rendrai à la caserne pour gagner l'armée à notre cause. Vous me suivrez en petits groupes, pour ne pas attirer l'attention. Si je réussis, comme je l'espère, vous entrerez à la caserne, et je vous donnerai à chacun une escouade de soldats pour consigner chez eux le Président et ses ministres, et arrêter les radicaux au milieu de leur conciliabule. »

Garcia Moreno distribue aussitôt les rôles, il se rend lui-même à la caserne. A la sentinelle qui l'arrête, il répond : « Je suis Garcia Moreno ! je veux sauver la religion et la patrie. Tu me connais. Laisse-moi passer. » — « *Viva* Garcia Moreno ! » répond le soldat, — et bientôt le poste et toute l'armée de répéter : « *Viva* Garcia Moreno ! »

Ce cri ne tarde pas à parvenir aux oreilles des révolutionnaires qui jugent prudent de s'évader au plus vite. Espinoza, gardé à vue, n'essaye même pas de s'opposer au mouvement. Quelques heures après on n'entendait dans les rues de Quito que les sons joyeux des musiques militaires et les acclamations de la foule.

Les pères de famille et les notables de la cité nommèrent Garcia Moreno chef du Gouvernement provisoire. Séance tenante, le nouveau Président rédigea cette vibrante et patriotique proclamation :

« Mes chers concitoyens, après avoir fait tous les efforts imaginables près du président Espinoza pour sauver la République, menacée de redevenir au premier jour la proie de ses plus irréconciliables ennemis, j'ai dû me mettre à la tête de l'armée pour empêcher une nouvelle effusion de sang et le retour aux horreurs de la guerre civile.

« A Guayaquil, des agents d'Urbina négociaient avec des traîtres la reddition de la place; dans les autres villes on applaudissait, en présence des autorités, au retour de l'infâme despote. Aveuglé par de perfides suggestions, le Président autorisait par sa tolérance cette odieuse conspiration. Patienter plus longtemps c'eût été se rendre responsable des maux qui allaient fondre sur nous et commettre un crime de trahison.

« J'ai accepté la charge périlleuse de sauver le pays de cette nouvelle conjuration de Catilina, sans autre mobile, je puis le dire, que mon dévouement à la patrie. En preuve de ma sincérité, je promets devant Dieu et devant le peuple, sur ma parole d'honneur toujours inviolée, qu'une fois l'ordre assuré, les institutions réformées, je quitterai le pouvoir pour le remettre aux mains du citoyen que la libre volonté du peuple désignera. Même si j'étais élu je refuserais la présidence. »

La nation entière accueillit avec enthousiasme la nouvelle du grand événement qui venait de s'accomplir. De chaleureuses adhésions arrivaient de toutes parts. Ce n'était partout qu'un immense concert de louange et de gratitude pour l'invincible défenseur de la religion et de la société. Chose remarquable et presque inouïe dans les annales des peuples : dans cette contre-révolution que rien ne faisait prévoir, pas une goutte de sang n'avait été versée, pas une cartouche brûlée. Ce fut pour Garcia Moreno une des plus grandes joies de sa vie et le signe évident de la protection divine. « Notre gratitude doit s'élever jusqu'au ciel, répondait-il à ceux qui le félicitaient. C'est Dieu qui nous a sauvés, avec une promptitude inouïe, des calamités dont nous étions menacés. Donc, à Dieu seul, amour, louange et gloire! »

CHAPITRE XIII

Garcia Moreno pose les fondements d'une République chrétienne. — Constitution catholique. — Principe fondamental de cette Constitution. — Le président malgré lui.

Le but poursuivi par Garcia Moreno en acceptant provisoirement le pouvoir était d'implanter dans son pays une constitution vraiment catholique. C'était là son unique ambition.

Il se mit à l'œuvre sans délai. Avant d'édifier il fallait déblayer le sol. D'un trait de plume il commença par supprimer l'Université de Quito, qui n'avait été jusque-là qu'un foyer de perversion pour la jeunesse. Il fit ensuite élire, dans chacune des dix provinces, trois députés, dont la mission principale devait être de voter une nouvelle Constitution qui serait soumise ensuite à la ratification du peuple.

Le Congrès se réunit sous le nom de Convention. Celle-ci vota en 1869 une Constitution loyalement catholique. Le début de cet acte public est un acte de foi chrétienne qui mérite d'être cité :

« Au nom de Dieu, un en trois personnes, auteur, conservateur et législateur de l'Univers, la Convention nationale a décrété la présente Constitution. »

Cette Constitution refusait l'omnipotence à l'Assemblée des représentants du peuple ; en cela elle s'inspirait de cette pensée du Président :

« L'absolutisme parlementaire d'un tyran à sept ou huit cents têtes est le plus redoutable despotisme que le monde ait connu. Comment les révolutionnaires osent-ils le présenter comme le type du Gouvernement libéral et national. »

En proclamant que le catholicisme est la religion de l'État, la Constitution décidait « qu'on ne pouvait être ni électeur, ni fonctionnaire à un degré quelconque, sans professer la religion catholique». Elle prenait également ses précautions contre les ennemis de l'ordre et de la religion en déclarant « déchu de ses droits de citoyen tout individu affilié à une société prohibée par l'Église ».

Cette clause pourra paraître excessive dans ces temps de libéralisme à outrance. Elle n'en est pas moins raisonnable. Dans un peuple, dans une République catholique, où les chefs et les magistrats doivent être catholiques, n'est-il pas juste que les électeurs le soient aussi ? que ceux-là, du moins, soient écartés du vote qui ont juré la ruine de la religion chrétienne ?

Avec non moins de raison, Garcia Moreno réclama un pouvoir exécutif fortement armé par la loi.

« Comment, disait-il, comment reculer devant l'emploi de la force armée contre des hommes qui ne croient qu'à la force et n'obéissent qu'à la peur ? Dans les pays où la rébellion contre l'autorité devient, pour certains spéculateurs, le gagne-pain de tous les jours, il faut armer le Gouvernement pour la défense des honnêtes gens. C'est un crime de lier les mains du pouvoir par respect pour des voleurs et des assassins de profession. » Il aimait encore à redire cette noble et touchante parole de notre Henri IV : « Ce pays est le royaume de Dieu, il lui appartient en propre et il n'a fait autre chose que de le confier à mes soins. Je dois donc faire tous les efforts possibles pour que Dieu règne dans son royaume et que mes lois fassent respecter ses lois. »

Le pouvoir exécutif jusque-là amoindri, annihilé en faveur de l'omnipotence de l'Assemblée, fut donc restauré. Le *veto* présidentiel, précédemment illusoire — il n'entraînait qu'une délibération nouvelle — eut désormais pour effet de renvoyer la loi à un nouveau Congrès. C'était gagner deux ans et donner aux esprits le temps de se calmer et de réfléchir.

Les ministres, les fonctionnaires, les chefs d'administration, en un mot, tout le personnel gouvernemental dépendait du chef de l'État. Pleins pouvoirs lui étaient également attribués en cas d'insurrection ; il pouvait faire juger militairement tous les fauteurs de désordre, leurs complices ou simples auxiliaires. La liberté de la presse fut restreinte de façon à ne laisser paraître aucun écrit contre la foi ou les mœurs.

Le principe incontestable qu'on trouve à la base de cette Constitution, c'est que le mal doit être réprimé et que seule la liberté de bien faire est un droit. Aussi, au cri vide et banal de *Vive la liberté*, Garcia Moreno opposait-il cette vérité rude, mais féconde : « Que demande-t-on ? la liberté de l'impiété, de l'immoralité, de la sédition ? Non ! les malfaiteurs n'ont aucun droit à la liberté. »

Cette charte nouvelle, Moreno la soumit à la ratification du peuple entier. Ce plébiscite dépassa son attente ; 14.000 électeurs contre 500 acclamèrent la Constitution catholique qui mettait la république d'un peuple chrétien sous la loi de Jésus-Christ.

L'œuvre de la Convention terminée, Garcia Moreno ne songea plus qu'à se retirer ainsi qu'il l'avait expressément déclaré. Mais le peuple, la magistrature, l'armée ne l'entendirent pas ainsi. Le tout n'est pas de créer une Constitution, il faut l'implanter, la consolider dans le pays, la garder de toute tentative de destruction, et Garcia Moreno était l'homme qu'il fallait à l'Équateur pour assurer le triomphe de la République chrétienne. Mais celui-ci se retrancha obstinément derrière le serment solennel fait devant Dieu et devant le peuple.

Le bon sens populaire ne s'arrêta pas aux scrupules d'une conscience trop délicate. On fit circuler des pétitions réclamant l'élection de Garcia Moreno à la présidence. Ces pétitions se couvrirent de signatures; Moreno, toujours inflexible, fit défendre de les colporter.

Le jour de l'élection définitive, le 29 juillet 1862, la Convention se réunit en séance extraordinaire dans l'église des Jésuites, à Quito. A l'unanimité moins une voix, elle proclama Garcia Moreno président de la République. Comme il refusait encore énergiquement, l'Assemblée jugea bon de ne plus supplier, mais d'ordonner, et son président Carvajal informa Garcia Moreno qu'il avait à se soumettre à la volonté nationale en venant le lendemain, dans la même église, prêter le serment constitutionnel.

Cette fois la voix du peuple était bien la voix de Dieu. L'héroïque Président céda devant de telles instances, et le lendemain, 30 juillet, entouré des autorités civiles et militaires, il se rendit à la cathédrale pour la cérémonie solennelle du serment. Là, en face du clergé, de l'Assemblée et du peuple, il s'écria d'une voix ferme :

« Je jure par Dieu, Notre-Seigneur, et par les saints Évangiles de remplir fidèlement ma charge de Président de la République; de professer la religion catholique, apostolique et romaine; de conserver l'intégrité et l'indépendance de l'État; d'observer et de faire observer la Constitution et les lois. Si je tiens parole, que Dieu soit mon aide et ma défense; sinon que Dieu et la patrie soient mes juges. »

Garcia Moreno, en dotant son pays d'une Constitution catholique, venait d'être le fondateur de la République chrétienne, cette œuvre de civilisation déclarée impossible par les utopistes du XIXe siècle. A lui maintenant de l'asseoir sur des bases solides, et de faire la contre-révolution dans les lois et les mœurs de son pays.

CHAPITRE XIV

Régénération intellectuelle : L'enseignement primaire. Ses rapides progrès.— L'enseignement secondaire. — L'Université de Quito. — L'Académie des Beaux-Arts. — Le Conservatoire. — L'Observatoire de Quito. — *Régénération morale :* L'armée. — La justice. — Les prisons. — Conversion d'un chef de brigands. — Les hôpitaux. — Anecdotes. — La propagation de la foi dans le Napo. — Mission dans l'Équateur. — *Développement matériel :* Une colossale entreprise : la route de Quito à Guayaquil. — Anecdotes. — Les finances.

Garcia Moreno n'avait désormais qu'un seul désir, faire du peuple équatorien un peuple fort, instruit, heureux et prospère. C'est vers ce but que tendirent tous ses efforts.

Il se préoccupa avant tout de l'instruction publique. Mais il ne faudrait pas croire qu'il plaçât la science au-dessus de la vertu. « Je préférerais mille fois, disait le Président, laisser l'enfant dans l'ignorance que de lui apprendre à vivre sans Dieu. » Il aimait aussi à citer cette parole de Quintilien : « Si les écoles en donnant l'instruction devaient corrompre les mœurs, je n'hésite pas à dire qu'il faudrait préférer la vertu au savoir. » Mais il avait en horreur l'ignorance, parce qu'elle est une source de maux de tout genre, et il était persuadé que l'instruction d'un peuple, lorsqu'elle est confiée à des maîtres chrétiens, contribue puissamment à son progrès moral.

Or l'instruction publique était alors dans un état lamentable. En dehors de Quito, qui possédait une Université, il n'y avait que de rares collègues, des embryons d'écoles primaires. Ses prédécesseurs, Urbina surtout, avaient eu d'autres soucis que de relever le niveau intellectuel de la nation. D'ailleurs, l'eussent-ils voulu, ils n'auraient pas été de taille à triompher des difficultés presque insurmontables qu'ils auraient rencontrées. On sait que l'Équateur est un pays de montagnes : en dehors des grands centres, les habitations sont éloignées les unes les autres, les chemins difficiles; ajoutez encore l'absence de maîtres dévoués, l'indifférence naturelle des habitants, qui ne connaissaient pas le prix de l'instruction. Bref, la création d'écoles nouvelles semblait pratiquement impossible.

Le génie de Garcia Moreno ne se laissa pas rebuter par ces difficultés. Pendant les six années de sa dernière présidence, il fonda trois cents écoles, augmenta les congrégations religieuses qu'il avait rappelées dans l'Équateur. Afin de les seconder, car elles ne pouvaient suffire à leur tâche, il créa une école normale de maîtres laïques, avec bourses de faveur, sous la direction d'un instituteur congréganiste.

Mais il ne suffisait pas de créer des écoles et de trouver des maîtres ; il fallait avoir des élèves, et ce n'était pas une mince difficulté dans un pays où les habitants trop favorisés sont accoutumés à la paresse, qu'entretient d'ailleurs leur indolence naturelle. Aussi Garcia Moreno n'hésita pas à déclarer l'instruction primaire gratuite et obligatoire. Exception était faite pour les nécessiteux, et on tenait compte des difficultés résultant de l'éloignement. Mais, en revanche, pour stimuler l'ardeur des parents, on punissait d'amende toute négligence coupable, et il fut décrété qu'à l'avenir, pour les nouvelles générations, nul citoyen n'aurait le droit de voter s'il ne savait pas lire et écrire. Aussi la progression des élèves fut-elle considérable. Avant le gouvernement de Garcia Moreno, les écoles de l'Équateur comptaient à peine 8.000 élèves ; en 1875, l'année de sa mort, elles en comptaient 32.000.

Si l'instruction primaire préoccupa surtout le Président, il n'eut garde de se désintéresser de l'enseignement secondaire, dont l'importance est d'autant plus grande qu'il forme dans la société les classes dirigeantes. Avec le concours des Jésuites, il réorganisa sur des bases solides les collèges existants, en créa de nouveaux. Bientôt toutes les provinces eurent leurs collèges sans compter le séminaire diocésain.

Nous avons dit que Garcia Moreno avait supprimé l'Université de Quito, au nom de la vraie science et de la vertu. Il voulut en fonder, à la place, une autre vraiment catholique aussi recommandable par la science des maîtres que par la sûreté des doctrines.

Il demanda aux Jésuites allemands des chimistes, des physiciens, des naturalistes, des mathématiciens ; l'Académie de médecine de Montpellier lui envoya deux excellents professeurs[1]; l'Italie, des docteurs en droit et en théologie. Quant aux instruments nécessaires à l'enseignement, il fit venir d'Europe ce qu'il y avait de plus perfectionné en tout genre. Il ne tenait pas compte de la dépense. « Achetez ce qu'il y a de meilleur et de plus beau, écrivait-il à son représentant à Paris, et ne vous inquiétez pas du reste. »

A l'Université de Quito, Garcia Moreno joignit une Académie des Beaux-Arts, où des professeurs éminents venus de Rome enseignèrent la peinture, la sculpure, le dessin. Il créa un Conservatoire national, où des maîtres de musique et de chant, également venus de Rome, professèrent des cours d'orgue, de piano, d'instruments de toutes sortes,

1. MM. Guayraud et Domec.

et enseignèrent la musique vocale. Citons encore le magnifique Observatoire que Garcia Moreno fit construire sur les hauteurs de Quito. Sa situation exceptionnelle à 3.000 mètres au-dessus de la mer, sous un ciel toujours pur, dans une atmosphère admirablement transparente, et une riche collection d'instruments d'optique les mieux conditionnés et les plus nouveaux, en firent le premier observatoire du monde.

Ainsi, en moins de dix ans, la transformation de l'Équateur, au point de vue intellectuel, avait été complète. Là où la Révolution n'avait réussi qu'à entasser des ruines, Garcia Moreno, sous l'inspiration de l'esprit catholique, avait fondé les plus admirables institutions.

Nous verrons plus loin, qu'après l'assassinat du grand homme, la Révolution, un instant triomphante, ne réussira qu'à replonger le pays dans le chaos primitif. Est-il possible de protester d'une manière plus éclatante contre ce mensonge odieux, que l'Église arrête et paralyse le progrès des sciences et le développement de l'esprit humain.

Garcia Moreno ne travailla pas moins activement au relèvement moral de son pays. Trois éléments sont nécessaires pour la régénération d'un peuple: des prêtres dévoués, des armées disciplinées, des magistrats intègres.

Sous l'impulsion du Président, plusieurs conciles provinciaux firent refleurir la discipline ecclésiastique dans l'intérêt de la religion; le Président obtint de Pie IX et des membres du Parlement les conditions les plus favorables au crédit et à la dignité du clergé séculier et régulier.

L'armée et la justice avaient encore plus de besoin de réformes.

Garcia Moreno créa une garde nationale, composée d'hommes de dix-huit à quarante-cinq ans et susceptible de prendre part à des exercices militaires annuels. Une école de cadets, fondée à Quito, sur le modèle de Saint-Cyr, forma les jeunes officiers. Un certain nombre d'entre eux furent même envoyés en Europe pour s'habituer aux manœuvres des armées étrangères. Grâce à ces excellents officiers, la petite armée équatorienne fit de rapides progrès, si bien qu'elle eût pu rivaliser dans l'art militaire avec nos meilleures troupes européennes. Sous le rapport moral et religieux, on peut dire qu'elle était bien supérieure. Des aumôniers furent attachés à chaque bataillon avec mission non seulement de célébrer le dimanche une messe à laquelle tous les soldats assistaient, mais aussi de leur donner avec le plus grand soin l'instruction religieuse. Une retraite spéciale leur était prêchée chaque année. Le plus grand nombre se faisaient un devoir d'y assister, et ces exercices produisaient toujours les plus heureux résultats. Il n'était pas rare en effet de rencontrer dans cette armée de chrétiens les plus beaux exemples de haute moralité. Qu'on en juge par le trait suivant.

Un commerçant étranger, établi à Quito, avait perdu dans les rues de la ville une forte liasse de billets de banque. Un jeune lieutenant d'infanterie, qui faisait une ronde nocturne, ramassa le précieux paquet qu'il s'empressa de porter entre les mains du Président. Le négociant prévenu arrive tout heureux, et dans sa reconnaissance offre cent piastres au jeune militaire qui les refuse noblement. Comme Garcia Moreno l'engage à accepter, le lieutenant répond : « Mon honneur me le défend, seigneur Président : je ne mérite aucune récompense, je n'ai fait que mon devoir. — Eh bien! dit Garcia Moreno, tout ému, si l'honneur vous défend d'accepter une récompense, il ne me défend pas à moi de vous en donner une, et vous recevrez aujourd'hui le brevet de capitaine. »

C'est ainsi que sous l'influence bienfaisante de la religion, la caserne fut assainie et devint un foyer de régénération morale au lieu de rester une sentine de débauche et d'ivrognerie.

Après l'armée, Garcia Moreno s'occupa de l'organisation de la justice.

Jusque-là, l'étude du droit avait été peu sérieuse; les avocats et les magistrats, dont les emplois étaient d'ailleurs assez peu rétribués, ne se faisaient pas scrupule de piller le pauvre client et de vendre les arrêts au plus offrant. Moreno exigea des candidats aux divers grades du barreau et de la magistrature une connaissance approfondie du droit et une parfaite honorabilité. Qu'on nous permette de citer quelques anecdoctes qui feront mieux connaître la sollicitude du Président et surtout son grand esprit de justice.

Un jour, il avait assisté à l'examen d'un jeune aspirant au doctorat. Celui-ci répondit d'une manière très satisfaisante. « C'est bien, lui dit Moreno, vous connaissez votre droit ; mais savez-vous votre catéchisme ? Pour administrer la justice un magistrat doit connaître avant tout la loi de Dieu. » Et il interrogea le candidat, qui ne sut répondre. « Monsieur, lui dit gravement Garcia Moreno, vous êtes reçu docteur ; mais vous n'exercerez pas votre profession avant de savoir votre catéchisme. Enfermez-vous, pour l'apprendre, chez les Franciscains. »

Dans une autre circonstance, il alla trouver un

magistrat qui, par ses relations suspectes, entachait l'honorabilité de sa conduite et s'exposait naturellement aux commérages du public. Il voulut charitablement l'avertir par une leçon aussi délicate qu'efficace. « Monsieur, lui dit-il, j'ai un cas de conscience à vous soumettre, j'espère que vous pourrez m'éclairer. Il y a parmi mes employés un homme qui a eu jusqu'ici mon estime et mon affection ; mais voici que maintenant il se déshonore par une vie scandaleuse. Mon cœur me dit de faire l'aveugle, mais ma conscience me reproche ma faiblesse comme une complicité. Suis-je obligé d'avertir cet ami et de le révoquer s'il reste sourd à mes avertissements ? » Le magistrat, qui ne se doutait pas du piège, lui répondit qu'un chef d'État doit en conscience veiller sur ses subordonnés et réformer tout désordre public.

« Permettez-moi donc, lui dit le Président, d'accomplir ce que vous estimez un devoir : ce scandaleux, c'est vous-même. » Le magistrat le remercia de la leçon discrète qu'il lui donnait avec tant de bonté, et, dès ce jour, il fut d'une conduite irréprochable.

Garcia Moreno était encore plus inexorable quand il s'agissait des infractions à la justice.

Une femme de fort mauvaise vie, accusée et convaincue de meurtre, fut complaisamment jugée par le jury, qui la condamna tout uniment à quelques mois d'exil. C'était là un scandale qui blessait la conscience publique, et il n'était pas possible de réformer le jugement puisqu'il avait été prononcé suivant les formes judiciaires. Garcia Moreno, indigné, voulut du moins flétrir cette lâche conduite des juges. Il les fit venir en sa présence : « Vous avez condamné à quelques mois d'exil seulement, leur dit-il, une personne notoirement coupable d'assassinat. Il s'agit maintenant d'exécuter la sentence. Mes soldats sont occupés et la loi m'autorise à requérir de simples citoyens pour veiller aux transports des condamnés. C'est vous-mêmes qui allez conduire cette femme à la Nouvelle-Grenade. » Puis, leur ayant fait amener des mulets boiteux, mal équipés, il ajouta : « Comme c'est un service public que j'exige de vous, il est juste que vous voyagiez aux frais du Gouvernement. Voilà des coursiers pour faire la route. Ils sont moins boiteux que vos arrêts. » Et c'est dans cet équipage que les malheureux durent traverser la ville, escortant la criminelle, tandis qu'une foule réjouie les poursuivait de ses plaisants quolibets.

La sollicitude du Président ne devait pas oublier les pauvres infirmes, les malheureux. C'est surtout au milieu d'eux qu'il exerça un véritable apostolat, tout en améliorant leur sort.

Par suite des guerres et des insurrections, les prisons regorgeaient d'assassins, de voleurs, de débauchés. Ces malheureux étaient misérablement entassés dans des bouges infects, abandonnés, corps et âme, à la démoralisation la plus complète.

Garcia Moreno se hâta d'y introduire de sages réformes en s'inspirant toujours de la religion. Il eut soin de leur donner des aumôniers qui leur enseignaient la doctrine chrétienne. On y ajoutait même par surcroît des leçons de lecture, d'écriture, de calcul et d'autres connaissances utiles. Le règlement déterminait les heures de travail manuel, où chacun pouvait s'appliquer au métier le plus conforme à ses aptitudes. Le Président visitait lui-même ces malheureux, assistait aux examens de fin d'année et stimulait leur bonne volonté en leur faisant entrevoir une abréviation du temps de leur peine comme récompense de leur bonne conduite.

Mais les brigands et les voleurs n'étaient pas tous dans les prisons de l'État. Les montagnes de l'Équateur en recélaient de nombreux repaires qui défiaient toute investigation; et ces bandits n'avaient d'autre métier que de piller les pauvres voyageurs dont ils étaient la terreur. Moreno promit à la police une forte récompense, si elle réussissait à faire prisonnier un des plus fameux chefs de ces hordes redoutables. L'appât du gain stimula le zèle des policiers. Quelques jours après, le bandit était conduit sous bonne escorte devant le Président. Le malheureux, comme on le pense bien, ne pouvait guère s'attendre à autre chose qu'à une sentence de mort. Il n'en fut rien. Moreno réveilla dans cette âme quelques restes de sentiments religieux qui n'étaient pas encore éteints, lui fit honte d'une conduite si abominable, et l'exhorta de son mieux à changer de vie. Pour lui prouver qu'il voulait uniquement le ramener dans la bonne voie, il le laissa prisonnier sur parole en lui imposant, pour toute peine, de passer chaque jour une heure avec un pieux religieux qu'il lui désigna, et de se présenter matin et soir à la Présidence.

Touché de tant de bonté, le brigand se convertit, et la conversion parut si sincère que Garcia Moreno n'hésita pas à en faire un des chefs de la police, en le chargeant de lui amener ses anciens complices, « afin d'en faire, lui dit-il, des honnêtes gens comme vous ». Grâce à cette hardiesse étonnante, le pays se vit bientôt débarrassé de cette plaie du brigandage qui avait fait des milliers de victimes.

Après les prisons ce fut le tour des hôpitaux.

Garcia Moreno voulut se rendre compte par lui-même de la manière dont les pauvres gens étaient traités.

L'hôpital de Quito comprenait trois catégories d'infirmes : les lépreux, les aliénés et les malades.

Un jour les pauvres lépreux se plaignirent amèrement de la nourriture qu'on leur servait. Était-ce à tort ou à raison ? Pour s'en convaincre, le Président vint inopinément, à l'heure du repas, s'asseoir à la table, et, après avoir goûté de chaque plat, il fit en effet réformer l'ordinaire.

Quelque temps après il revint et put s'assurer que ses ordres avaient été exécutés. Néanmoins un des malades plus exigeant que les autres se montrait encore peu satisfait. « Mon ami, lui dit Garcia Moreno, je vous assure que moi, Président de la République, je ne suis pas aussi bien servi. »

Dans l'hôpital de Guayaquil, ayant trouvé des malades étendus par terre sur une natte, le Président le reprocha vivement au gouverneur de la ville, qui s'excusa sur le manque de ressources. —

« Cela n'empêche pas, lui fit observer le Président, que vous, qui êtes bien portant, dormez sur un bon sommier, tandis que les membres souffrants de *Jésus-Christ* n'ont que la terre pour se coucher. — Dans quelques semaines il y sera pourvu, répondit humblement le gouverneur. — Pas du tout, répliqua Moreno, les malades n'ont pas le temps d'attendre. Vous coucherez ce soir ici sur une natte, et il en sera de même toutes les nuits, jusqu'à ce que tous les malades aient un lit et un matelas. » Deux heures après, lits et matelas affluaient à l'hôpital.

Il est à peine besoin de dire que Garcia Moreno, plus clairvoyant que les fameux édiles de notre *Ville lumière*, se hâta d'exclure du service des hôpitaux les mercenaires qui vivaient de la subsistance des pauvres et des malades et de les remplacer par les sœurs de charité.

Garcia Moreno ne borna pas son action régénératrice à la partie civilisée de l'Équateur. Nous avons déjà dit que par delà les sommets neigeux des Cordillères, s'étend l'immense plaine du Napo, habitée par 200.000 Indiens. Ces indigènes vivent presque tous de la vie nomade et sont en général d'un naturel très doux.

Au siècle dernier, les Pères Jésuites avaient apporté dans ce pays les bienfaits de la religion et de la civilisation. Mais les radicaux, arrivés au pouvoir, n'eurent rien de plus pressé que d'en expulser les missionnaires et de détruire leur œuvre. Les Indiens revinrent à leur vie nomade.

En 1862, Garcia Moreno tenta derechef l'évangélisation de ce pays. Les Pères de la Compagnie de Jésus furent encore chargés de cette importante mission. Déjà leurs efforts étaient couronnés de succès, lorsque quelques révolutionnaires déportés, pour se venger du Président, firent invasion dans ce pays, se ruèrent sur la maison des Jésuites, s'emparèrent des religieux, qu'ils emmenèrent avec eux au Pérou, en les accablant d'insultes et d'outrages. Les pauvres indigènes, qui auraient voulu les retenir, les accompagnèrent avec larmes jusqu'aux rives du fleuve. L'un d'eux les voyant enchaînés comme des criminels, leur criait d'aussi loin qu'il pouvait se faire entendre : « Courage, Pères ; Jésus est mort sur la croix ! »

En 1870, lors de sa rentrée au pouvoir, Garcia Moreno, que rien ne décourageait, réorganisa sur des bases solides cette œuvre des missions. Il fonda, avec le concours des Pères Jésuites, des écoles obligatoires pour les enfants au-dessous de douze ans. La vente à crédit, par laquelle les trafiquants ruinaient les pauvres Indiens, fut impitoyablement prohibée.

De nouvelles paroisses furent créées ; les pasteurs pourvus d'un traitement convenable furent astreints à la résidence, et bientôt la vie chrétienne circula de nouveau dans ces régions désolées.

Dans cette œuvre ardue de la restauration et de la propagation du catholicisme, le grand chrétien avait déjà opéré une transformation merveilleuse. Il comprit qu'il y avait mieux à faire encore. Il constatait avec amertume que le ministère paroissial ne pouvait suffire dans des contrées immenses, où les habitations des campagnes sont très disséminées. En dépit de tous les efforts tentés jusque-là, la lumière de la foi ne parvenait pas à porter ses vivifiantes clartés au sein de toutes les intelligences et de tous les cœurs. C'est pourquoi Garcia Moreno fit appel au zèle et au dévouement des Pères Rédemptoristes, les dignes fils de saint Alphonse de Liguori. Des missions populaires furent prêchées de toutes parts dans l'Équateur. De Cuença à Riobamba, des missionnaires intrépides parcoururent les campagnes, pénétrèrent dans les bois, gravirent les roches escarpées pour chercher les brebis perdues.

Touchés de tant de zèle, les peuples accouraient au-devant des missionnaires ; là où l'on se rencontrait, on élevait une tente de lianes entrelacées, et, pendant quinze jours, on instruisait hommes, femmes et enfants, on baptisait, on administrait les sacrements, et les foules s'en revenaient dans leur demeure, régénérées et plus fortes dans la foi.

La capitale de l'Équateur voulut aussi avoir sa

mission. En 1873, les Pères Rédemptoristes prêchèrent les saints exercices à un immense auditoire. L'exemple du Président seconda puissamment la parole des saints religieux. Il assista à toutes les prédications, entouré du Parlement, des magistrats et des officiers de l'armée. Après avoir ramené à Dieu plusieurs milliers d'âmes, la mission se termina par la cérémonie toujours imposante de la *plantation* de la Croix. On fut alors témoin d'une scène digne des premiers siècles de l'Église. Garcia Moreno, digne émule de l'empereur Héraclius, foulant aux pieds tout respect humain, se chargea du précieux fardeau, et, aidé de ses ministres, il la porta sur ses épaules à travers les rues de la capitale, au milieu de son peuple qu'un si beau spectacle enthousiasmait saintement et attendrissait jusqu'aux larmes.

Cette œuvre des missions populaires avait porté les plus heureux fruits. Le Président attribuait cette pleine réussite au concours dévoué des Pères Rédemptoristes; mais c'est à Dieu seul qu'il en rapportait le mérite et la gloire. Il nous reste de sa gratitude un souvenir touchant : c'est une lettre qui se termine par une charmante image : « Dieu nous bénit ; le pays progresse très sensiblement. Dans ma

Foulant tout respect humain, précédé de ses ministres, il se chargea du précieux fardeau.

jeunesse on comptait les hommes qui remplissaient leurs devoirs religieux ; aujourd'hui l'on compte ceux qui les négligent. En même temps, le développement matériel est admirable. On dirait vraiment que Dieu nous soulève de sa main, comme fait un tendre père qui aide son enfant à essayer ses premiers pas. »

Ce développement matériel n'était pas, en effet, la moindre des préoccupations de l'infatigable Président. En vue d'assurer la prospérité du pays, deux conditions étaient indispensables : des voies de communication et une administration des finances honnête, sage et vigilante.

Malgré la situation exceptionnelle du pays et l'excellence du climat, l'agriculture et le commerce étaient lettre morte dans l'Équateur, par suite de l'absence totale des voies de communication. Partout des sentiers perdus, bordés de précipices affreux, hérissés de quartiers de roche que les siècles avaient entassés. Aller de Guayaquil à Quito était une véritable excursion d'alpiniste, quelque chose comme l'ascension du mont Blanc. On s'y rendait à pied, à cheval, à dos de mulet, muni d'un bon guide et d'un sac de provisions. On comprend que, dans ces conditions, le commerce d'importation et d'exportation était à peu près impossible. Quant à établir des voies carrossables dans ce labyrinthe de montagnes reliées les unes aux autres par des contreforts puissants, au milieu desquels on n'apercevait que vallées profondes, précipices à pic, torrents impétueux, il ne fallait pas y songer. C'était, d'après les plus sages, un projet impossible, un rêve insensé. Eh bien! ce rêve insensé, ce gigantesque projet, Moreno en conçut le plan et en décida l'exécution dès les premiers jours de sa présidence. Mais qui dira au prix de quelles luttes persévérantes cet homme de génie devait le réaliser!

Un premier tracé exécuté à grands frais devint inutile; il fallut recommencer. Le parcours définitivement arrêté, des difficultés d'un nouveau genre surgirent. Une entreprise si magnifique était envisagée par le peuple avec défiance, presque avec pitié. D'autre part les propriétaires contestèrent le droit d'expropriation et prétendirent s'opposer à ce que la route traversât leurs haciendas. Garcia Moreno eut même à combattre le mauvais vouloir de plusieurs de ses amis. L'un d'eux lui dit un jour : « Vous me passerez sur le corps avant de passer sur mes terres. » Mais Moreno était inflexible. « Eh bien ! répondit-il, on passera sur votre corps, car le plan de la route ne déviera pas d'une ligne. » D'autres opposants, avides de spéculations, affichaient des prétentions simplement ridicules. Un propriétaire, dont l'hacienda était coupée en deux par la route, entendait ni plus ni moins se faire rembourser la valeur totale du terrain. « Combien estimez-vous votre propriété? demanda Garcia Moreno. — Cinq cent mille piastres. — Eh bien! je vous l'achète et vais vous la payer comptant. Seulement je vous fais observer que, lorsqu'il s'est agi de payer les contributions vous ne l'avez estimée que cinquante mille piastres ; vous avez donc depuis trente ans bel et bien fraudé le Gouvernement d'une somme considérable que vous allez payer avec les intérêts. » Notre homme, pris dans ses propres filets, n'eut rien de plus pressé que de retirer sa réclamation, trop heureux de recevoir le juste prix de la parcelle expropriée.

Enfin, après dix ans d'efforts, de lutte et de travaux, l'entreprise, traitée jadis de folie, était menée à bonne fin aux applaudissements de tous. « Sans cet homme de génie, disait-on, l'Équateur restait dans l'éternel *statu quo* auquel sa position paraissait l'avoir irrémédiablement condamné. Son énergie a vaincu tous les obstacles, triomphé de la pusillanimité des uns, de l'indolence des autres, de toutes les passions soulevées contre lui. L'Équateur n'a pas assez de voix pour le bénir et célébrer sa gloire. »

Le 23 avril 1873, les premières diligences firent le trajet entre Quito et Guayaquil. Avant le premier départ, l'archevêque bénit solennellement les voitures au milieu d'une foule immense réunie sur la place de la Cathédrale. Cette route grandiose ne compte pas moins de cent ponts et de quatre cents aqueducs. Quatre autres routes, d'une importance moindre, furent ouvertes également pour communiquer le mouvement et la vie à toutes les provinces.

Ce que le Président avait fait pour les chemins

publics, il l'entreprit également dans les rues de la capitale. En quelques années, la métamorphose de Quito fut complète; d'une ville de boue, d'un marais fangeux où la circulation, difficile pour les piétons, était impossible pour les voitures, il fit une gracieuse et riante cité que les étrangers admirent et dont les habitants sont justement fiers.

Avant le premier départ l'archevêque bénit solennellement les voitures.

On serait tenté de croire qu'après de si grandes dépenses le trésor public devait être épuisé. Au surplus, depuis la guerre de l'Indépendance, l'Équateur était grevé d'une dette extérieure écrasante, aggravée des intérêts que les Gouvernements antérieurs avaient laissés s'accumuler. Qu'on admire ici les fruits d'une sage administration.

Tous ces grands travaux d'utilité publique, qui avaient occasionné une dépense de plus de 30 millions de francs, Garcia Moreno sut les accomplir sans la moindre augmentation d'impôts. Au contraire, certaines contributions, certains droits de domaine furent détruits ou diminués; et, chose plus étonnante encore, l'intègre Président, après trois ans d'administration, trouva le moyen de doubler les rentes de l'État et d'amortir la plus grande partie de la dette publique.

Veut-on connaître le secret de son système financier? Il est à la portée de tous les hommes d'État. « Faites-moi de la bonne politique, disait un ministre français du roi Louis XVIII, et je vous ferai de bonnes finances. » La bonne politique, c'est la politique chrétienne, toute de justice et de désintéressement. Ce fut cette politique vraiment féconde qui permit à Garcia Moreno de voir se réaliser dans sa chère patrie les paroles des livres saints, qu'il mettait si bien en pratique : « Cherchez d'abord le royaume de Dieu et sa justice, et le reste vous sera donné par surcroît. »

CHAPITRE XV

L'homme de caractère. — Défauts de Garcia Moreno. — Comment il travaillait à sa sanctification. — Exemples admirables de sa foi. — Son amour de la justice. — Anecdotes. — La vertu de force dans Garcia Moreno. — Sa tempérance.

Personne n'a plus de caractère, de nos jours, disait le philosophe Jouffroy, et pour une bonne raison, c'est que des deux éléments dont le caractère se compose, des principes arrêtés et une volonté ferme, le premier manque et rend le second inutile. Si Garcia Moreno fut un grand caractère, c'est parce qu'il fut un grand chrétien. Il trouva dans la foi chrétienne des convictions solides, des principes inébranlables, et dans la pratique de la dévotion, dans la prière surtout, la force dont il avait besoin pour marcher toujours suivant la ligne du devoir.

On s'imagine assez volontiers que les saints sont des natures privilégiées, que l'action de la grâce conduit sans efforts au sommet de la perfection. On voit les heureux résultats de la lutte, on ne voit pas la lutte elle-même, ou plutôt on ne veut pas la voir, pour n'avoir pas à se faire violence. *Noluit intelligere ut bene ageret.* Non, la sainteté n'est pas l'œuvre d'un jour, c'est le travail de toute la vie, et ceux-là seuls y tendent efficacement qui ont le courage de mettre la cognée à la racine de l'arbre, car nous apportons tous en naissant le germe de tous les défauts.

Garcia Moreno ne faisait pas exception à la loi commune ; il était homme, il eut à tailler toute sa vie ; toute sa vie, il fut sans cesse occupé à combattre ses défauts, à les empêcher de grandir, à s'en rendre maître. Doué d'une vaste et pénétrante intelligence, d'une activité dévorante, d'une énergie à toute épreuve, il devait peut-être plus que tout autre se tenir en garde contre les défauts de ses qualités. Il eût été à l'occasion brusque, impatient, impérieux : ce n'est qu'à force d'actes contraires qu'il parvint à modérer une nature bouillante à l'excès. Il ne se borna pas à triompher de ses défauts ; il eut surtout à cœur de devenir un parfait chrétien, un chrétien humble, chaste, bienfaisant, fervent, sobre, soucieux de la dignité de son baptême. Pour arriver à ce but, il sut, malgré la multiplicité de ses travaux de chef de l'État, faire rentrer dans ses journées si bien remplies les pratiques d'un fervent religieux.

On retrouva sur lui après sa mort un exemplaire de l'*Imitation de Jésus-Christ*, que lui avait donné un de ses amis le jour de la prise de Guayaquil. Les pages jaunies et la couverture fanée indiquaient que Garcia Moreno en faisait son *Vade-mecum*. Sur le dernier feuillet blanc, il avait écrit de sa main les résolutions suivantes qui nous donnent une idée de sa vie intime avec Dieu :

« Tous les matins, je ferai oraison, demandant d'une façon toute particulière la vertu d'humilité.

« Je prendrai soin de me conserver dans la présence de Dieu, surtout dans les conversations, afin de ne pas excéder en paroles.

« J'offrirai souvent mon cœur à Dieu avant d'entreprendre quoi que ce soit.

« J'ajouterai dans les tentations : Que penserai-je de tout cela à l'heure de mon agonie ?

« Faire des actes d'humilité, comme de baiser la terre ; désirer toutes sortes d'humiliations, en prenant soin de ne pas les mériter ; ne jamais parler de moi, si ce n'est pour avouer mes fautes ; faire effort par un regard sur *Jésus* et *Marie* pour contenir mon impatience et me montrer aimable, même avec les importuns ; ne jamais mal parler de mes ennemis.

« Tous les matins, j'écrirai ce que je dois faire, attentif à bien distribuer le temps, à ne l'occuper qu'à des travaux utiles et à les poursuivre avec persévérance.

« J'observerai scrupuleusement les lois, et n'aurai dans mes actes nulle autre intention que la plus grande gloire de Dieu.

« Je ferai mon examen général de conscience tous les soirs ; je me confesserai chaque semaine.

« J'éviterai les familiarités, même les plus innocentes, comme le demande la prudence. Je ne passerai pas plus d'une heure au jeu, et jamais avant huit heures du soir. »

Comme on le voit, tout en poursuivant activement la régénération de son peuple, Garcia Moreno n'oubliait pas la grande affaire qui était de se sanctifier lui-même. Il savait d'ailleurs qu'il n'est rien de plus salutaire pour les nations que les bons exemples des princes. Il aimait à répéter cette parole de sainte Thérèse : « Oh! si les princes faisaient chaque jour une demi-heure d'oraison, comme la face de la terre serait vite renouvelée! » Il disait souvent aussi : « La confiance en Dieu est la source de toute force et de toute valeur. » C'est à cette source féconde qu'il allait puiser tous les jours : il en rapporta les plus solides vertus.

Oue d'exemples admirables d'esprit de foi, de

confiance en Dieu, de charité ne rencontrons-nous pas dans sa vie.

Un jour, un pauvre capucin, de passage à Quito, vint voir le Président. Le chapeau à la main, le religieux se tenait devant lui dans la plus humble attitude. « Mon Révérend Père, couvrez-vous, je vous prie », lui dit Moreno.— « Oh! non, réplique naïvement le religieux, un pauvre moine ne doit pas se couvrir devant le Président de la République. — Eh! mon Père, qu'est-ce qu'un Président de la République, reprit vivementMoreno, en comparaison d'un prêtre du Très-Haut. »

« Pour Dieu, je donnerais tout, s'écria-t-il un jour, même la vie de mon fils. » Cette parole sublime montre l'ardeur de sa charité, surtout si l'on pense qu'il était, malgré son aspect dur et austère, le plus tendre des pères. Quand Dieu lui ravit sa petite fille à l'âge de quatre ans, il pleura comme un enfant et fut longtemps inconsolable. « Oh! comme je suis faible, disait-il, moi qui me croyais si fort. »

Quand Dieu lui ravit sa petite fille, à l'âge de quatre ans, il pleura comme un enfant.

Un seul mot de Garcia Moreno, mot qu'il aimait à répéter souvent, exprime bien la grande foi qui remplissait son âme. Ses amis, que les agissements révolutionnaires effrayaient, lui faisaient entrevoir l'avenir sous les plus sombres couleurs. « Dieu ne meurt pas, *Dios no muere* », leur répondait-il, entendant leur montrer ainsi sa confiance dans le triomphe d'une cause qui était celle de Dieu.

Qui dira son amour passionné pour la justice et le droit ? La partialité, le favoritisme, l'intrigue n'avaient point de prise sur cette âme rigide : protecteurs, parents, amis étaient éconduits sans pitié. « Le mal de notre siècle, disait-il, c'est de ne savoir plus dire non. Vous briguez cet emploi comme une faveur, je vous réponds : l'homme pour l'emploi et non l'emploi pour l'homme. »

Sa réputation de justice était telle que souvent on préférait recourir à lui et s'en remettre à sa décision plutôt qu'à celle des tribunaux. De son côté il écoutait toujours avec bonté les plaintes légitimes.

Une pauvre veuve vint lui exposer un jour qu'un escroc l'avait dépouillée de tout son avoir. Elle avait eu la simplicité de donner une quittance avant d'avoir reçu la somme qui lui était due. Garcia Moreno, indigné, chercha un stratagème pour contraindre ce maître filou à rembourser les piastres volées. Mais le cas était difficile, car le fripon avait pour lui la légalité. L'ayant mandé auprès de lui, il l'engagea avec bonté à payer à la pauvre femme le prix de son champ. Naturellement le hardi voleur jura les grands dieux qu'il avait payé sa dette, que la quittance en faisait foi. « Ah ! dit le Président, en feignant la surprise, j'ai eu tort de suspecter votre loyauté ; je vous dois une réparation. Je suis justement en quête d'un honnête homme pour gouverner les îles Gallapagos. Je ne pouvais mieux rencontrer. Mais, comme un grand dignitaire ne peut voyager sans escorte, deux agents vont vous accompagner à votre domicile où vous ferez vos préparatifs de départ. » Les îles Gallapagos sont des rochers déserts perdus au milieu de l'Oéan. — Notre homme effrayé s'en va aussitôt trouver la pauvre femme, lui compte son argent et la supplie à genoux d'obtenir la révocation de la fatale sentence. Garcia Moreno lui fit grâce. « Je l'avais bien nommé gouverneur, dit-il en souriant ; mais, puisqu'il ne tient pas aux dignités, j'accepte sa démission. »

Garcia Moreno ne connaissait pas la rancune. Comme tous les grands cœurs, il savait reconnaître ses torts et les réparer généreusement.

Un officier de ses amis, pour des raisons futiles, affecta à son égard une très grande froideur ; il alla même jusqu'à ne plus le saluer.

Le Président, l'ayant un jour rencontré, l'aborde sans façon : « Allons ! tu es fâché, mon cher ? Veux-tu ma tête ! la voilà ! En attendant je te nomme mon aide de camp. » Ils se réconcilièrent et restèrent désormais bons amis.

Cependant, il faut bien le dire, malgré ses efforts persévérants pour contenir son impatience, sa nature impétueuse prenait quelquefois le dessus.

Combattre courageusement ses défauts n'empêche pas toujours de commettre quelques fautes.

Un jour qu'il était accablé de besogne et de plus surexcité par la maladresse d'un architecte dont il s'appliquait à réparer les bévues, on introduisit dans son cabinet un ecclésiastique qu'une affaire soi-disant importante amenait au palais. Il le reçut assez brusquement et, comme il s'agissait d'une affaire insignifiante, il le congédia froidement. « Ce n'était pas la peine, lui dit-il, de me déranger pour une pareille vétille. » Le prêtre se retira passablement mortifié. Le lendemain, il n'y pensait plus lorsqu'il reçut la visite du Président qui venait lui faire humblement ses excuses.

Ce qui faisait surtout le fond de son caractère c'étaient l'énergie et la persévérance. « Je réfléchis beaucoup avant d'agir, disait-il un jour de lui-même ; mais une fois ma résolution prise, pas de trêve qu'elle ne soit exécutée. » Pour relever le courage chancelant de ses amis, il leur disait : « Avec une volonté calme, toujours égale, les hommes triomphent de l'impossible. » « On ne fait rien que par la force, répétait-il souvent ; mais la force doit être au service de la justice et du droit. »

Cette énergie de caractère que Garcia Moreno possédait à un degré éminent, est une vertu d'autant plus rare qu'elle est difficile à pratiquer : elle ne porte pas comme les autres sa récompense en elle-même. Un souverain pardonne à un coupable, on décore volontiers du nom de douceur et de bonté ce qui n'est souvent que de la faiblesse. Au contraire, au nom de la justice et de la conscience, pour le plus grand bien d'un peuple et souvent des générations à venir, a-t-il assez d'énergie pour résister aux larmes et aux supplications, assez de courage pour ne pas se soustraire à la dure obligation que sa charge lui impose, on est tenté d'accuser d'excessive, de tyrannique une sévérité qui en définitive n'est que le beau triomphe du droit et la sauvegarde de la société. La foule ne voit souvent que le sang du coupable : elle ne songe pas que des milliers d'innocents sont ainsi épargnés. Garcia Moreno, nous l'avons vu, connut ces états d'âme douloureux, ces luttes intimes de la justice et de la pitié. Mais sa volonté, gardienne toujours vigilante du droit et du devoir, ne trahit jamais la justice. Les jugements rigoureux prononcés contre les traîtres, les déserteurs, les révolutionnaires, furent toujours sans appel.

Si Garcia Moreno fut toujours un implacable justicier, s'il fut un fort, toujours et partout, au yeux de tous, c'est qu'il le fut d'abord et toujours contre lui-même.

Nous avons vu comment, dès son jeune âge, il plia son corps au travail, aux privations, à l'absence de tout ce qui le pouvait flatter. Il ne dévia jamais de cette ligne de conduite. Ennemi du faste et de la représentation, il vivait à Quito comme un simple particulier. Chaque jour, il était levé à cinq heures du matin, et l'on était sûr de le rencontrer de six à sept heures à l'église, entendant la messe, la servant souvent, faisant ensuite sa méditation comme un simple religieux. A sept heures, après sa visite à l'hôpital ou à une prison, il s'enfermait dans son cabinet où il travaillait jusqu'à dix heures. Après un déjeuner frugal et court, il se rendait aussitôt au palais du Gouvernement où l'attendaient les ministres.

Le travail durait jusqu'à l'heure de son dîner qui avait lieu à quatre heures. Les inspections de travaux publics, quelques visites occupaient une partie de l'après-midi. Rentré à six heures, il consacrait la soirée à sa famille et à quelques amis. A neuf heures il reprenait le travail jusqu'à minuit.

C'était là le régime de la vie régulière; mais souvent le calme faisait place à l'orage. Dès que quelques germes de révolte étaient signalés ici où là, Moreno partait sur-le-champ. Sa nature indomptable ne connaissait pas d'impossibilité, son tempérament de fer endurait la fatigue au delà de ce qui est croyable et faisait de son corps un esclave obéissant.

Dans une de ses courses nombreuses, à Guayaquil, pendant la saison des pluies, il arriva, trempé et glacé, chez un pauvre prêtre qui lui offrit son lit. « Mouillé comme je le suis, lui dit le Président, je ne puis me déshabiller ni ôter mes bottes : demain il me serait impossible de les remettre. » Il se coucha sur un canapé et dormit jusqu'au matin.

Au travail, à la fatigue, il ajoutait la plus rigide sobriété. Sa table était, comme nous l'avons dit, des plus frugales, il ne prenait presque jamais de vin, et, en dépit des indispositions et des excès de fatigue, il pratiqua toujours, dans toute leur rigueur, les jeûnes et les abstinences de l'Église.

CHAPITRE XVI

Le chrétien dans la vie publique. — Le Pape dépouillé de ses États. — Vaillante protestation de Garcia Moreno. — Louanges de la Presse catholique de tous les pays. — Le denier de Saint-Pierre. — Pie IX et Garcia Moreno. — Consécration de l'Équateur au Sacré-Cœur.

Catholique, Garcia Moreno l'était dans toute la force du terme. Tel il était dans la vie privée, tel il se montra toujours dans la vie publique; il ne connaissait pas la distinction stupide du chrétien et de l'homme politique. Les principes arrêtés de la foi furent le point d'appui de sa puissante volonté, et la conscience du patriote chrétien fut toujours la ligne de conduite de l'homme d'État. Les libéraux accusaient naturellement sa dévotion d'hypocrisie. « Les hypocrites, répondait Moreno, ce sont les libéraux, qui ont la foi; mais, par respect humain, ils n'osent pratiquer ce qu'ils croient. »

Un événement qui alarma le monde catholique lui donna l'occasion d'affirmer courageusement sa foi à la face de l'univers.

Les soldats du roi de Piémont venaient d'envahir les États pontificaux et s'étaient emparés de Rome. Toutes les têtes couronnées s'inclinèrent lâchement devant la force victorieuse du droit; nouveaux Pilates ils se lavèrent les mains en présence de l'injustice qui dépouillait un roi reconnu; ils fermèrent les yeux sur l'impiété sacrilège qui asservissait le Père commun des fidèles sous la tutelle imposée d'un roi révolutionnaire. Seul, le Président d'une modeste république fit entendre sa voix dans le monde entier, et sauva l'honneur de notre siècle. Garcia Moreno protesta énergiquement contre cette inqualifiable usurpation et vint rappeler aux rois d'Europe que la Justice est éternelle et qu'elle jugera un jour les attentats de la force brutale.

« Avant d'élever la voix, écrivait-il au roi Victor-Emmanuel, le Gouvernement de l'Équateur attendit la protestation autorisée des États puissants de l'Europe contre l'injuste et violente occupation de Rome, ou, mieux encore, que Sa Majesté le roi Victor-Emmanuel, rendant spontanément hommage à la justice et au caractère sacré du noble Pontife qui gouverne l'Église, restituât au Saint-Siège le territoire dont il l'a dépouillé.

« Mais son attente a été vaine : les rois du vieux continent ont jusqu'ici gardé le silence, et Rome continue à gémir sous l'oppression du roi Victor-Emmanuel. C'est pourquoi le Gouvernement de l'Équateur, malgré sa faiblesse et l'énorme distance qui le sépare du vieux monde, accomplit le devoir de protester, comme il proteste devant Dieu et devant les hommes, au nom de la justice outragée, au nom surtout du peuple catholique de l'Équateur, contre l'inique invasion de Rome et l'esclavage du Pontife romain, nonobstant les promesses insidieuses toujours violées, nonobstant les garanties dérisoires d'indépendance au moyen desquelles on entend déguiser l'ignominieux asservissement de l'Église. Il proteste enfin contre les conséquences préjudiciables au Saint-Siège et à l'Église catholique, qui ont déjà résulté et résulteront encore de cet indigne abus de la force.

« En vous adressant cette protestation par ordre formel de l'Excellentissime Président de cette République, le soussigné veut espérer encore que le roi Victor-Emmanuel réparera noblement les déplorables effets d'un moment de vertige, avant que le trône de ses illustres aïeux ne soit réduit en cendres par le feu vengeur des révolutions. »

Les rois de la vieille Europe, qu'un si noble langage eût dû faire rougir de honte, firent la sourde oreille : il fallait s'y attendre. Mais l'écho de cette protestation retentit dans le monde entier. L'Équateur répondit par une manifestation nationale à laquelle s'associèrent tous les dignitaires des divers ordres. La presse catholique de tous les pays applaudit également à ce noble langage du vaillant défenseur de l'Église.

« L'Équateur, disait un journal de Bogota, ne serait rien sans Garcia Moreno, et cet homme illustre, malgré son génie, ne serait rien lui-même sans son intrépide défense de l'Église romaine. Honneur et gloire à celui qui a osé dire : Un peuple catholique ne peut renier socialement Jésus-Christ. En le voyant protester officiellement contre la grande injustice des temps modernes, l'usurpation sacrilège des États pontificaux, quelques-uns riaient de cet acte ; mais bientôt sa voix retentissant dans le monde entier éveillait partout des échos, assez puissants pour faire trembler les spoliateurs. Cet homme a sauvé l'honneur de notre siècle : et dans le nimbe de gloire qui le couronne, on oublie la faiblesse de la nation qui a pris pour elle de parler pour toutes[1]. »

Un autre journal espagnol, *la Cruz*, rendait, avec non moins d'énergie, hommage à l'Équateur et à son Président : « Cette nation, la seule qui ait écouté la grande voix de Pie IX, la seule qui ait protesté par un acte officiel, solennel, énergique, contre les

1. *El tradicionalista*, cité par *El Nacional*, 18 novembre 1873.

sacrilèges spoliateurs de Rome ; la seule qui ait censuré par son exemple l'humiliante apathie de ceux qui devaient et pouvaient aller au secours du Souverain Pontife, la seule qui arbore sans crainte le glorieux drapeau de la croix ; cette nation, dis-je, ne figure pas au nombre des nations de l'Europe, ni de ces royaumes qui s'intitulent, on ne sait pourquoi, très chrétien, très fidèle, très catholique ; ni de ces empires que la multitude des guerriers ou des canons rend invincibles : c'est la petite république de l'Équateur, petite matériellement, grande par sa foi. Honneur et gloire à son chef qui, fidèle interprète des aspirations populaires, a su venger l'Église opprimée, la religion outragée, Rome envahie par des hordes sauvages mille fois plus dignes de malédiction que les hordes d'Attila. » En France, *l'Univers*, se faisant particulièrement l'écho de ces sentiments d'admiration, proposa à l'Assemblée de 1871 d'imiter l'exemple de la république de l'Équateur, « le seul État catholique, écrivait-il, le seul qui profite du droit d'un pays libre pour protester contre la violation du droit des gens, le seul qui fasse entendre à la Cour de Florence le ferme langage de la justice, ce qui vaut aujourd'hui à son Président les félicitations du monde entier ».

Cependant Garcia Moreno voulut prouver son dévouement au Saint-Siège autrement que par cette protestation qu'il considérait comme l'accomplissement d'un devoir strict. Le Pape était dépouillé de ses domaines et de ses revenus; qui donc devait venir à son secours sinon les peuples catholiques. « Puisque nous avons le bonheur d'être catholiques, disait-il au Congrès de 1873, soyons-le logiquement, ouvertement, soyons-le dans notre vie publique comme dans notre vie privée; confirmons la vérité de nos sentiments et de nos paroles par le témoignage public de nos œuvres.

« En tout temps, une pareille conduite devrait être celle d'un peuple catholique, mais aujourd'hui, à cette époque de guerre implacable et universelle contre notre sainte religion, aujourd'hui que les apostats en viennent à renier dans leurs blasphèmes la divinité de Jésus, notre Dieu et notre Seigneur, aujourd'hui que tout se ligue, tout conspire, tout s'acharne contre Dieu et son Christ, qu'un torrent de méchanceté et de fureur jaillit du fond de la société bouleversée contre l'Église et contre la société elle-même, comme dans un tremblement de terre, jaillissent, de profondeurs inconnues, des rivières de fange; aujourd'hui, dis-je, cette conduite conséquente, résolue, courageuse s'impose absolument, car l'inaction pendant le combat est une trahison ou une lâcheté.

« Continuons donc notre œuvre avec une invincible fidélité, heureux, mille fois heureux si le Ciel veut bien à ce prix combler notre chère patrie de ses bénédictions, heureux moi-même si je parviens à mériter ainsi la haine, les calomnies et les insultes des ennemis de Dieu et de notre foi. »

Enthousiasmé par la sublimité de ces sentiments, le Congrès vota unanimement une offrande annuelle de 50 mille francs pour le denier de Saint-Pierre.

Cette noble conduite du Président de l'Équateur

fut une douce consolation pour le cœur de Pie IX.

« Le pauvre vieux Pape ne compte plus sur personne ici-bas, avait-il dit aux ambassadeurs réunis au Vatican. Malgré tout, l'Église est immortelle, ne l'oubliez pas. » En apprenant la protestation indignée de Garcia Moreno, le saint Pontife revint sur cette parole de tristesse. « Ah ! dit-il, les larmes aux yeux, si celui-là était un roi puissant, le Pape aurait un appui en ce monde. »

Pie IX fit adresser au Président une lettre élogieuse et lui envoya la croix de chevalier. Garcia Moreno ne se croyait pas digne d'un tel honneur : « Très Saint-Père, écrivait-il, je ne mérite aucune récompense... Dieu veuille m'éclairer, me diriger en toutes choses et m'accorder la grâce de mourir pour la défense de la foi et de la sainte Église. C'est dans ces sentiments que j'implore une nouvelle bénédiction pour la République, pour ma famille, pour ma personne. »

Enfin, par un acte grandiose qui suffirait seul à immortaliser sa mémoire, Garcia Moreno, deux ans avant sa mort, mit le sceau à tout ce qu'il avait fait jusque-là pour la gloire et la grandeur de sa patrie. N'ayant rien plus à cœur que de conserver intacte, pour le plus grand bien de tous, la foi de ses sujets, persuadé d'ailleurs que Dieu protège spécialement les peuples qui lui sont dévoués, il résolut de consacrer l'Équateur au Sacré-Cœur de Jésus. Le Congrès donna la preuve de la grande foi qui animait tous ses membres en votant cet acte à l'unanimité et sans discussion.

En 1873, la République équatorienne donnait au monde un spectacle qui rappelait, en plein XIXe siècle, les temps de Charlemagne et de saint Louis. Le même jour et à la même heure, unis dans la même foi et le même amour, les enfants de l'Équateur entouraient les autels. A Quito, le Président, revêtu de ses insignes, accompagné des membres du Congrès, des magistrats et des officiers, s'était rendu à la cathédrale. L'Archevêque prononça le premier, au nom de l'Église, la formule solennelle; le Président la répéta au nom de l'État : Garcia Moreno était désormais le chef de la République du Sacré-Cœur.

Hélas ! il ne devait pas le rester longtemps. Tant de prospérité et tant de gloire ne faisaient qu'exciter toujours davantage la haine des francs-maçons et des radicaux. On ne pardonnait pas au Président de tenir si haut et si ferme le drapeau de la religion. Aussi les outrages ne lui furent pas épargnés. Mais Garcia Moreno avait l'âme trop haute pour s'en laisser émouvoir. Il laissait dire et continuait son œuvre de civilisation. « L'injure, disait-il, c'est mon salaire. S'ils me haïssent pour une faute commise, je les remercie et tâcherai de m'amender ; mais, s'ils détestent en moi ma fidélité à mon Dieu, je les remercie encore et je tâcherai toujours de mériter leur haine. »

Il avait cependant quelque pressentiment que cette haine irait un jour jusqu'à l'assassinat. « La balle d'un scélérat me percera le cœur, écrivait-il ; mais, si ma patrie respire enfin librement, volontiers je descendrai au tombeau. »

CHAPITRE XVII

Fin de la deuxième présidence. — Garcia Moreno, l'homme nécessaire. — Sa nouvelle élection. — Ses projets. — Manœuvres odieuses des loges maçonniques du Pérou. — Histoire d'un crime. — L'assassin Rayo. — *Dios no muere.* — La justice du peuple.

Durant les cinq années de cette deuxième présidence, l'Équateur avait continué de marcher rapidement dans la voie du progrès. Grâce aux efforts persévérants de Garcia Moreno, à l'activité de son génie créateur, ce pays, jusque-là ruiné, affaibli par les guerres civiles et les désordres qui en découlent, était devenu un centre de civilisation où les lettres, les arts, les sciences, l'industrie, l'agriculture florissaient en dépit de toutes les difficultés.

Le mandat était terminé ; mais, pour tous les honnêtes gens, Garcia Moreno restait l'homme nécessaire : la Constitution les autorisait à l'élire une seconde fois, la reconnaissance autant que le bien public leur en faisait un devoir. Le résultat ne pouvait être douteux.

Néanmoins le parti libéral ne s'avouait pas vaincu ; il comptait même prendre sa revanche. On résolut d'opposer à l'inflexible Garcia Moreno le timide catholique Borrero. En même temps les journaux opposants de toutes nuances commencèrent la plus odieuse campagne qui fut jamais : imputations calomnieuses, intimidations, menaces de mort, voire même avances de conciliation afin de glisser la désunion et le désordre dans le camp des catholiques, ils mirent tout en œuvre pour arriver à leur fin. On représenta le Président comme un « tyran implacable qui s'appuie sur la religion pour opprimer le peuple », comme un conspirateur « qui descend jusqu'au parjure et à la trahison, foulant aux pieds honneur, religion, patrie ».

Le peuple prétendu opprimé ne se laissa pas

émouvoir par ces abominables manœuvres. La presque unanimité des électeurs réélurent pour six ans Garcia Moreno Président de la République de l'Équateur.

On devine sans peine la rage de la franc-maçonnerie en apprenant le nouveau triomphe de celui qui l'avait terrassée. C'était plus qu'elle n'en pouvait supporter ; il fallait à tout prix purger la terre de « cet esclave des Jésuites, de cet implacable tyran, de ce Néron théocratique ». Il n'y avait plus qu'un moyen de délivrer la patrie du joug « qui l'abîmait dans l'hébétement et l'affolement : la hache du bourreau ».

Sans se soucier de l'orage qui grondait au-dessus de sa tête, Garcia Moreno combinait de nouveaux plans, cherchant les meilleurs moyens d'utiliser pour le bien public cette troisième Présidence. C'est ainsi qu'il exposait à un ami ses projets pour l'avenir. Avec une lucidité parfaite il distinguait les diverses phases de sa mission politique : « La République avait besoin de trois périodes de juste et sage administration, période de réaction, période d'organisation, période de consolidation. Ma première présidence a réagi contre les maux invétérés dont souffrait la patrie ; et il m'a fallu malgré moi employer la violence. La seconde présidence, que j'achève, consacrée à l'organisation du pays, n'a plus eu besoin de moyens violents. Si la divine Providence n'en dispose autrement, j'entre dans une période de consolidation qui mettra le pays sur la voie de la véritable grandeur. »

Hélas ! ces belles espérances ne devaient pas se réaliser. Les conjurés, qui dans toutes les loges maçonniques l'avaient condamné à mort, poursuivaient avec rage l'accomplissement de leur satanique projet. Les sicaires avaient été désignés : à leur tête se trouvaient deux prêtres défroqués, un jeune étudiant en droit, qui se croyait un nouveau Brutus, et surtout un misérable nommé Rayo. Ce dernier, ancien protégé du Président, avait d'abord rempli d'importantes fonctions chez les Indiens du Napo. Ayant été destitué par suite de ses malversations, il ne pardonnait pas à Garcia Moreno sa disgrâce, qui l'avait contraint de se faire sellier pour gagner sa vie. Aussi fut-il empressé de mettre sa vengeance au service de la secte maçonnique. Scélérat d'autant plus à craindre qu'il joignait l'hypocrisie à la perversité et affectait tous les dehors de la dévotion.

Quelques personnes bien informées avaient voulu mettre le Président en défiance contre cet homme. « Rayo ! s'écria Garcia Moreno; mais c'est une infâme calomnie ! Je l'ai vu communier, il y a quelques jours. Un chrétien n'est pas un assassin. »

Cependant le péril devenait de plus en plus notoire, à telles enseignes que les amis de Garcia Moreno l'engageaient à s'entourer d'une escorte. « *Quis custodiat custodem?* Qui me protégera contre mon escorte? répondit-il avec un sourire mélancolique ; à la garde de Dieu ! »

Néanmoins, tout en ne soupçonnant individuellement personne, il se préparait secrètement à paraître devant Dieu. Il écrivait alors au Souverain Pontife Pie IX: « Aujourd'hui que les loges des pays voisins visent à m'assassiner, j'ai plus que jamais besoin de la protection divine, afin de vivre et de mourir pour la défense de notre sainte religion et de cette chère République que Dieu m'appelle à gouverner. Quel plus grand bonheur peut-il m'arriver, Saint-Père, que de me voir détesté et calomnié pour l'amour de notre divin Rédempteur? Mais quel bonheur plus grand encore, si votre bénédiction m'obtenait du ciel la grâce de verser mon sang pour Celui qui, étant Dieu, a voulu verser le sien pour nous sur la Croix! »

Noble langage, sentiments sublimes vraiment dignes des martyrs des premiers siècles de l'Église.

Garcia Moreno ne se faisait donc plus illusion sur le sort qui l'attendait. Les avertissements multipliés qu'il recevait de toutes parts le confirmèrent dans les pressentiments de sa fin prochaine. « Nous ne nous verrons plus, je le sens, disait-il, le 4 août 1875, à son ami intime Jean Aguirre, qui partait pour l'Europe ; c'est notre dernier adieu. »

Néanmoins il ne voulut rien changer à ses habitudes. « Mon sort est entre les mains de Dieu, répétait-il, il me tirera de ce monde quand et comme il voudra. »

Le 5 août, comme il devait achever un message, qu'il se proposait de lire le lendemain au Congrès, il s'enferma dans son cabinet et donna ordre de ne recevoir aucun visiteur. Peu après, un prêtre se présente et demande à parler au Président. L'aide de camp refuse d'abord de l'introduire, objectant la consigne ; mais, vaincu par son insistance, qu'une communication urgente seule peut motiver, il l'introduit.

« Monsieur le Président, dit le messager avec tristesse, vous savez que votre vie est menacée. Mais ce que vous ne savez pas, c'est l'heure et le moment de l'exécution de ce projet. Les conjurés ont résolu de vous assassiner dans le plus bref délai, demain, peut-être, s'ils en trouvent l'occasion. Je vous en conjure, prenez vos mesures en conséquence.

— J'ai déjà reçu bien des avertissements de ce genre, répliqua le Président. Il n'y a qu'une mesure à prendre, Monsieur l'abbé, c'est de me préparer à paraître devant Dieu.

Le prêtre se retira ému et édifié, et Garcia Moreno continua la rédaction de son message.

Le lendemain 6 août 1875, c'était la fête de la Transfiguration et le premier vendredi du mois, jour spécialement dédié au Sacré-Cœur de Jésus. Garcia Moreno, qui avait passé une bonne partie de la nuit à travailler et à prier, se rendit vers six heures à la petite église Saint-Dominique, où il entendit la messe et communia. Contrairement à ses habitudes, il prolongea ce jour-là son action de grâces jusqu'à huit heures.

Les assassins, qui épiaient la victime dès le matin, déroutés par ce contre-temps et le concours des fidèles qui sortaient de l'église, ne jugèrent pas le moment favorable et se dispersèrent. Son

Le Palais du Gouvernement.

action de grâces terminée, Garcia Moreno rentra chez lui et mit la dernière main au message, qu'il comptait communiquer dans la journée aux ministres.

Vers une heure, il sortit à pied pour se rendre au palais du Gouvernement.

Il s'arrêta quelques instants chez son parent Ignatio de Alcarar ; la chaleur était accablante. On eût dit qu'il y avait des menaces dans l'air. Des hommes à figure sinistre se promenaient sur la *plaza mayor*. Ignatio, qui les avait remarqués, dit au Président avec tristesse : « Vos ennemis observent tous vos pas, vous ne devriez pas sortir. — Il n'arrivera que ce que le bon Dieu voudra. Je suis dans ses mains en tout et pour tout ! » répondit Moreno avec le calme d'un martyr ; puis il traversa la place, suivi seulement de Pallarès, son aide de camp.

Avant d'entrer au palais, il se dirigea vers la cathédrale, qui forme l'un des angles de la *plaza mayor*, pour faire une adoration devant le Saint-

Sacrement exposé. Longtemps, il resta agenouillé, absorbé dans un profond recueillement.

Cependant les assassins, qui d'un café voisin guettaient leur proie, étaient sortis l'un après l'autre, et s'étaient embusqués au poste assigné, derrière les colonnes du péristyle. Comme le Président ne paraissait pas, pleins d'une angoisse terrible, à la pensée qu'ils allaient peut-être encore manquer leur victime, les scélérats détachent l'un d'eux pour l'avertir qu'une affaire urgente l'attend au Palais.

Garcia Moreno se lève aussitôt, sort de l'église, gravit les marches du péristyle. A peine a-t-il fait cinq ou six pas vers la porte d'entrée, qu'il se sent frappé à l'épaule d'un coup de poignard. Il se retourne vivement et voit Rayo armé d'un énorme coutelas. « Vil assassin ! » lui dit-il, en cherchant son revolver dans sa redingote étroitement fermée. Mais le farouche Rayo, sans lui donner le temps de se défendre, lui fait une large blessure à la tête, coupe presque entièrement la main droite, taillade horriblement le bras gauche, pendant que les autres assassins envoient une double décharge de leurs armes. La noble victime

Et tandis qu'il le frappe une dernière fois :
« Meurs, s'écrie-t-il, bourreau de la liberté. »

chancelle, tombe du péristyle sur la place, d'une hauteur de 4 à 5 mètres.

A la vue de ce corps tout sanglant, étendu sur le sol, sans mouvement, sans vie apparente, Rayo, plus féroce qu'un tigre, se précipite sur lui comme un forcené, et, tandis qu'il le frappe une dernière fois : « Meurs, s'écrie-t-il, bourreau de la liberté. »

Le héros chrétien fait un suprême effort ; ses lèvres s'entr'ouvrent, et, levant les yeux au ciel, il murmure, dans un dernier élan de foi et d'invincible espérance, son humble et pieuse réponse à toutes les menaces de mort : « *Dios no muere !* Dieu ne meurt pas ! »

Cependant, au bruit des coups de feu, un rassemblement s'était formé sur la place. Des soldats, prévenus par l'aide de camp Pallarès, étaient accourus en toute hâte, pendant que les assassins s'enfuyaient en criant : « Le tyran est mort ! » Rayo, qu'une balle destinée au Président avait blessé à la jambe, ne pouvait s'éloigner que péniblement. Le misérable croyait provoquer une révolution radicale et se vantait d'abord de l'assassinat en brandissant son coutelas. Mais, voyant l'indignation du peuple qui, furieux, le poursuit et l'accable de ses malédictions, il se trouble, il nie, il demande grâce. Un soldat exaspéré fait écarter la foule en criant : « Comment pouvez-vous souffrir devant vos yeux un tel monstre ? » et il l'étend raide mort à ses pieds. On traîna son corps jusqu'au ravin des immondices, et on trouva dans ses vêtements les chèques de la Banque du Pérou : c'était le prix du sang versé, les trente deniers de Judas, offerts par la vénérable franc-maçonnerie.

En même temps que la justice du peuple commençait son cours, le clergé de la cathédrale relevait la victime qui respirait encore et la transportait dans l'église aux pieds de Notre-Dame des Sept-Douleurs. On voyait à ses lèvres décolorées et livides que tout espoir était perdu. Un prêtre lui demanda s'il pardonnait à ses meurtriers : son regard mourant répondit qu'il pardonnait à tous. On lui administra aussitôt le sacrement de l'Extrême-Onction. Après un quart d'heure d'agonie, l'héroïque martyr, le vengeur du droit chrétien, était jugé par le Dieu qu'il avait si bien servi.

L'examen du cadavre fit reconnaître que le martyr avait reçu cinq coups de feu et quatorze coups de couteau dont l'un avait brisé le crâne.

On trouva, sur un agenda, cette prière écrite par lui, le jour même de sa mort : « Mon Seigneur Jésus-Christ, donnez-moi l'amour et l'humilité, et faites-moi connaître ce que je dois faire aujourd'hui pour votre service. »

Ce jour-là, Dieu avait voulu son sang. Le héros chrétien le versa généreusement pour lui.

CHAPITRE XVIII

Le deuil. — Les funérailles. — L'assassin Cornejo. — Comment il est découvert. — Sa mort. — Sort des autres assassins. — Le dernier message de Garcia Moreno. — Reconnaissance de l'Équateur et du monde catholique.

Les conséquences immédiates de cette grande révolution politique furent tout autres que ne l'avaient espéré les conjurés. Ils avaient compté sur une sympathie bruyante. Rien de pareil. Dès qu'on connut l'exécrable tragédie, ce fut partout un cri d'indignation et de haine, une explosion de douleur qui se manifesta de la manière la plus touchante. Partout le deuil, partout la consternation et les larmes : on eût dit que chaque famille venait de perdre un de ses membres.

Le jour des funérailles, toutes les rues de Quito se tendirent de noir; les drapeaux funèbres flottaient aux fenêtres de chaque maison ; les cloches sonnaient le glas, et les coups de canon, lugubrement espacés, portaient au loin l'écho de la douleur publique. Le service funèbre amena tout un peuple au pied des autels. Une foule immense remplissait la cathédrale et ses abords ; le cadavre du Président en costume de général, la tête découverte, était exposé à la vénération publique. Lorsque les membres du Gouvernement, toutes les autorités civiles et militaires eurent pris leur place, instinctivement tous les regards se tournèrent vers le trône d'honneur du Président. Le peuple le voyant vide et voilé d'un crêpe de deuil ne peut retenir ses larmes. Le doyen de la cathédrale de Riobamba se fit l'interprète des sentiments de tous. A plusieurs reprises, son oraison funèbre fut interrompue par les gémissements et les sanglots de l'assistance. Mais l'émotion fut à son comble et les larmes redoublèrent, quand l'orateur s'écria en terminant : « Garcia Moreno, tes yeux ne voient pas nos larmes, tes oreilles n'entendent pas les lamentations de ton peuple, ton noble cœur ne bat plus dans ta poitrine, mais ton âme nous comprend. Ah! de cette région bienheureuse, où t'a conduit ton héroïque vertu, jette un regard sur tes enfants, n'abandonne pas ton pays à l'anarchie, demande à Dieu de susciter un homme qui continue ton œuvre et sache dire avec toi : « *Adveniat regnum tuum!* »

Cependant les assassins, déçus dans leurs espérances, s'étaient empressés de fuir ou de se cacher. Mais le peuple, outré de colère et d'indignation, voulut à tout prix s'en emparer. Déjà Rayo, un des principaux coupables, était tombé sous la balle vengeresse d'un soldat indigné; deux autres meurtriers, qui s'étaient trahis par leur contenance embarrassée, étaient en prison. Quant au jeune Cornejo, qui avait, jusqu'au dernier jour, témoigné au Président le plus affectueux dévouement pour mieux cacher sa trahison, il avait réussi à s'enfuir. Il errait à travers les forêts, accompagné d'un domestique qui lui était resté fidèle. Il se croyait sauvé, mais il comptait sans la justice divine.

Quelques jours après le meurtre, le serviteur revint nuitamment à Quito pour chercher quelques objets nécessaires au fugitif. Un voisin, surpris de voir de la lumière dans un appartement qu'il croyait vide, guetta la sortie de l'inconnu, et alla le dénoncer au poste le plus voisin.

Le domestique, arrêté et menacé d'être fusillé sur l'heure, s'il ne découvrait pas le coupable, fut obligé de conduire une escouade de soldats dans la hutte de bois où s'était réfugié son maître. Mais le jeune Cornejo, averti par un Indien, avait quitté sa retraite et s'était sauvé plus avant dans la forêt.

A cette nouvelle, le peuple exaspéré, voulant à tout prix se saisir du meurtrier, vint dans le bois, le fit cerner et mit le feu aux arbres. Cependant Cornejo ne parut pas. Déjà la foule, désespérant de sa capture, reprenait le chemin de Quito, quand un soldat, demeuré en arrière, vit une tête émergeant du creux d'un arbre. C'était le malheureux Cornejo qui, trop étroitement blotti dans un trou où il échappait à tous les regards, se soulevait pour reprendre haleine. Aussitôt on ramène la foule, on s'empare du meurtrier, que les soldats ont peine à protéger contre la vengeance populaire, et on le conduit dans les prisons de Quito.

Traduit devant un Conseil de guerre et condamné à mort, il fit des aveux complets. Les bons sentiments que des parents chrétiens lui avaient inspirés dans sa jeunesse, et qu'il avait eu le malheur d'étouffer en se laissant pervertir par la franc-maçonnerie, reparurent à ce moment suprême. Il accepta sa peine comme une juste expiation de son crime et mourut en chrétien.

Plusieurs autres assassins échappèrent à la justice des hommes, mais ils ne purent éviter les châtiments de la vengeance divine. Palanco, un des plus coupables, fut étendu raide mort dans une émeute, frappé par une balle au moment où il proférait d'horribles blasphèmes contre Dieu et se disposait à lacérer la bannière du Sacré-Cœur. Un autre, Manuel Cevallos, fut écrasé par une corniche qui lui tomba sur la tête dans une rue de Paris. Presque tous les autres conjurés périrent également de mort violente. La justice divine n'attend pas toujours pour punir le criminel ; elle veut souvent aider la miséricorde et, par le châtiment des uns, ramener les autres à la pénitence.

Quelques jours après les funérailles, eut lieu l'ouverture de la session législative. Le Ministre de l'Intérieur présenta au Congrès le message que Garcia Moreno portait sur lui au moment de l'assassinat. Impossible de rendre l'impression de l'Assemblée à la vue de ces feuilles maculées de sang, qui contenaient la pensée suprême du héros martyr. On en écouta la lecture dans un religieux silence.

« Il y a quelques années, disait Garcia Moreno, l'Équateur répétait chaque jour les tristes plaintes que le libérateur Bolivar adressait dans son dernier message au Congrès de 1830. *Je rougis de l'avouer : l'indépendance est un bien que nous avons conquis, mais aux dépens de tous les autres.*

« Depuis que, mettant en Dieu notre espérance, nous nous sommes éloignés du courant d'impiété et d'apostasie qui entraîne le monde en ces jours d'aveuglement, et que nous nous sommes réorganisés, en 1869, comme nation vraiment catholique, tout va changeant de jour en jour pour le bien et la prospérité de notre chère patrie.

« L'Équateur était autrefois un corps duquel se retirait la vie, et qui se voyait dévoré comme les cadavres par cette multitude d'insectes hideux que la liberté de la putréfaction fait toujours éclore dans l'obscurité du sépulcre ; mais aujourd'hui, à la voix souveraine qui tira Lazare de la tombe, il se ranime et marche en avant, bien que traînant encore ses liens et son suaire, c'est-à-dire les restes de la misère et de la corruption dans lesquelles nous étions ensevelis.

« Pour justifier mes paroles, il suffira que je vous rende un compte sommaire de nos progrès pendant ces dernières années, m'en remettant aux informations spéciales de chaque ministère pour tout ce qui concerne les documents et les détails. Afin qu'on voie exactement le chemin parcouru durant cette période de régénération, je comparerai l'état actuel avec son point de départ, non pour nous glorifier, mais pour glorifier Celui à qui nous devons tout et que nous adorons comme notre Rédempteur et notre Père, comme notre Protecteur et notre Dieu. »

Il parcourait ensuite les différentes branches de l'administration, enseignement, bienfaisance, travaux publics, finances, missions : établissant, preuves en mains, l'immense développement qu'avait pris la civilisation sous le rapport intellectuel, moral et matériel, depuis que la religion présidait aux destinées du pays. — Il terminait par cette déclaration, qui arracha des larmes aux membres du Congrès :

« J'achève dans quelques jours la période du mandat qui m'a été confié, en 1869. La République a joui de six années de repos et, durant ces six années, elle a marché résolument dans le sentier du progrès sous la protection visible de la Providence. Bien plus grands eussent été les résultats obtenus, si j'avais possédé, pour gouverner, les qualités qui me manquent malheureusement, ou si, pour faire le bien, il suffisait de le désirer avec ardeur.

« Si j'ai commis des fautes, je vous en demande pardon mille fois, et ce pardon, je le demande avec des larmes très sincères à tous mes compatriotes, les priant de croire que ma volonté n'a jamais cessé de poursuivre leur bien. Si, au contraire, vous croyez que j'ai réussi en quelque chose, attribuez-en d'abord le mérite à Dieu et à l'immaculée Dispensatrice des trésors de sa miséricorde, puis à vous-mêmes, au peuple, à l'armée et à tous ceux qui, dans les différentes branches du Gouvernement, m'ont aidé avec tant d'intelligence et de fidélité à remplir mes difficiles devoirs. »

Le Congrès se montra digne d'un tel message. Il répondit, non au Président qui ne pouvait plus l'entendre, mais à la nation, par un manifeste en l'honneur de Garcia le Grand, « Grand non seulement aux yeux de l'Équateur, mais de l'Amérique, mais du monde entier, car le génie appartient à tous les peuples et à tous les siècles ».

« Ils ont voulu, ces vils assassins, dit le document officiel, noyer la religion, la morale, les institutions de la patrie, dans le sang de l'auguste régénérateur ; mais, sur son tombeau, la croix apparaîtra plus resplendissante que jamais, car c'est pour la sainte cause qu'il a versé son sang. »

Non content d'avoir glorifié le héros de l'Équateur devant tout son peuple, le Congrès voulut en perpétuer la mémoire en élevant dans la capitale un monument qui rappelât ses bienfaits. Un décret du 16 septembre, dont les considérants sont le fidèle résumé de la vie, des sentiments, de l'œuvre de Garcia Moreno et l'expression la plus magnifique en même temps que la plus méritée de la gratitude d'une nation, se terminait ainsi :

« L'Équateur, par l'entremise de ses représentants, accorde à la mémoire de l'Excellentissime don

Gabriel Garcia Moreno l'hommage de son éternelle gratitude, et, pour le glorifier selon ses mérites, lui décerne le titre de *Régénérateur de la patrie* et de *Martyr de la civilisation catholique*.

« Pour la conservation de ses restes mortels, il sera élevé, au lieu que désignera le pouvoir exécutif, un mausolée digne de ce grand homme.

« Afin de recommander son nom glorieux à l'estime et au respect de la postérité, une statue en marbre, érigée en son honneur, portera sur son piédestal l'inscription suivante :

A GARCIA MORENO

LE PLUS NOBLE DES ENFANTS DE L'ÉQUATEUR,

MORT POUR LA RELIGION ET LA PATRIE

LA RÉPUBLIQUE RECONNAISSANTE

« Dans les salles des Conseils municipaux et aux autres Assemblées officielles, figurera également un buste de Garcia Moreno, avec l'inscription :

AU RÉGÉNÉRATEUR DE LA PATRIE

AU MARTYR DE LA CIVILISATION CATHOLIQUE

Parmi les héros que nous fait connaître l'histoire, il en est peu qui aient mérité de pareils éloges et excité à la fois dans l'âme d'un peuple d'aussi unanimes regrets. « Et ce n'est point assurément une chose ordinaire que nous voyons là, s'écriait, à cette occasion, un grand polémiste chrétien[1] : un peuple reconnaissant envers le chef qui ne l'a point spolié; qui n'a trahi ni son corps ni son âme ; qui, au contraire, a audacieusement voulu le délivrer de l'ignorance, des menteurs, des hommes de proie; qui l'a conduit devant Dieu dans la lumière, dans l'innocence et dans la paix; et qui, enfin, a donné sa vie pour son salut! Il y a donc aujourd'hui sur la terre un lieu petit et obscur, mais pour-

1. Louis Veuillot.

tant visible, où la louange du *Juste* est partout proclamée. On le pleure, non seulement à l'autel, mais en pleine rue. Nous en concluons qu'il y a encore une justice parmi les hommes ; et quand la justice parle quelque part au milieu du monde, c'est assez pour que le monde ne soit pas perdu. La justice qui parle dans l'Équateur est un grand service rendu au genre humain, le plus grand peut-être que l'Amérique ait rendu jusqu'ici. »

Mais Garcia Moreno ne mérita pas seulement les louanges et les bénédictions du peuple au milieu duquel il avait vécu. L'éclat de ses hauts faits et de sa bienfaisante renommée avait traversé les mers et rayonné dans le monde civilisé. Aussi toutes les nations chrétiennes eurent-elles à cœur d'apporter leur fleuron à sa couronne de gloire. De toutes parts retentirent les louanges de *Garcia Moreno, prodige du* XIXe *siècle*. La chaire exalta le héros chrétien, le martyr du devoir ; la tribune célébra l'homme d'État ; la poésie chanta le chevalier de la civilisation ; la sculpture et la peinture fixèrent dans des chefs-d'œuvre ses traits immortels ; le théâtre fit revivre sur la scène les principaux épisodes de cette dramatique existence.

La vérité se fit jour à travers les lèvres de ses ennemis mêmes, qui ne purent se défendre de lui rendre justice : « Garcia Moreno était né pour gouverner un grand peuple, écrivait de la Nouvelle-Grenade l'un de ses plus ardents contradicteurs... Ils l'ont assassiné, mais les martyrs ne meurent pas : ils passent de la prison au trône et de l'échafaud à la gloire. »

L'église de Notre-Dame de Paris garda longtemps l'écho de cette apostrophe véhémente que le R. P. Roux envoyait au naturalisme :

« Regardez, disait-il, les deux pôles du monde moderne : à Rome, voici un Pape qui proclame les droits de Dieu ; sur le Pacifique, un grand chrétien qui en fait la règle de son Gouvernement. Pie IX est prisonnier au Vatican et le chrétien tombe baigné dans son sang sous le couteau d'un infâme assassin. Reconnaissez le juste de ce siècle : Garcia Moreno ! »

Pie IX lui-même eut à cœur d'honorer publiquement ce fils digne de lui. Le 20 septembre, dans sa prison du Vatican, parlant à de pieux pèlerins, il s'écria : « Au milieu des Gouvernements livrés au délire de l'impiété, la République de l'Équateur se distinguait miraculeusement de toutes les autres par son esprit de justice et par l'inébranlable foi de son Président, qui se montra toujours le fils soumis de l'Église, plein de dévouement pour le Saint-Siège, et de zèle pour maintenir au sein de la République la religion et la piété. Et voilà que les impies, dans leur aveugle fureur, regardent comme une insulte à la prétendue civilisation moderne l'existence d'un Gouvernement qui, tout en se consacrant au bien-être matériel du peuple, s'efforce en même temps d'assurer son progrès moral et spirituel. A la suite de conciliabules ténébreux organisés dans une République voisine, ces vaillants ont décrété le meurtre de l'illustre Président. Il est tombé victime de sa foi et de sa charité chrétienne envers sa patrie. » Pour Pie IX, comme pour nous, la mort de Garcia Moreno fut la mort d'un martyr.

CHAPITRE XIX

La contre-épreuve. — Borrero et Vintimilla. — L'œuvre de démolition. — Les conservateurs reprennent le pouvoir. — Érection d'un temple national au Sacré-Cœur.

Dans une vue presque prophétique, Garcia Moreno avait dit : « Après ma mort, l'Équateur tombera de nouveau entre les mains de la Révolution, qui le gouvernera despotiquement ; mais le Cœur de Jésus, à qui j'ai consacré ma patrie, l'en arrachera pour la faire vivre, libre et honorée, sous la garde des grands principes du catholicisme. »

La Providence permit, en effet, aux ennemis de l'Église, de ressaisir les rênes du pouvoir pour montrer à ce peuple qu'elle aimait, par une contre-épreuve évidente, que la seule politique féconde est celle qui cherche avant tout le royaume de Dieu et sa justice.

Lorsqu'il s'agit de nommer le successeur du Président assassiné, l'entente entre les conservateurs ne fut pas maintenue. Aucun ne se sentait le courage et le talent nécessaires pour remplacer l'éminent homme d'État.

Dans le désarroi où le deuil universel jetait les esprits, on essaya encore une fois de la politique de conciliation. L'expérience du passé aurait dû suffire aux conservateurs pour les tenir en garde contre cette tactique qui ne réussit jamais et fut toujours désastreuse. C'était ouvrir les portes du pouvoir aux ennemis de l'Église; et qui ne sait qu'une fois dans l'édifice, comme ils sont les plus audacieux, ils prétendent être les maîtres?

On voulut donc flatter le radicalisme en choisissant un candidat conservateur qui avait été l'adversaire de Moreno. Les radicaux, trop heureux de ces avances, élurent d'enthousiasme le fameux catholique Borrero qu'ils avaient déjà soutenu, et qui avait si piteusement échoué du vivant de Garcia Moreno. D'ailleurs, ils connaissaient bien leur homme. Le caractère faible, craintif, facile à tromper du nouveau Président, leur permit de tout oser. Ils lui demandèrent de mettre à la tête des troupes de Guayaquil le général Vintimilla, une de leurs créatures. Borrero eut la lâcheté et la sottise de confier une si haute charge à cet ami d'Urbina, qu'il connaissait pourtant, puisqu'il disait de lui, quelques jours après : « Ignorant, stupide, ivrogne et joueur, Vintimilla a une science politique qui consiste à distinguer le rhum du cognac. » L'habileté politique du Président n'avait pas, sans doute, une portée bien plus grande, car il devait recevoir bientôt, de son subordonné, une leçon de diplomatie.

A l'occasion de la fête de l'Indépendance, le rusé Vintimilla, feignant de craindre des troubles dans la plaine, sollicita des renforts, que le naïf Borrero s'empressa de lui envoyer, malgré les avertissements des conservateurs. Quelques jours après, à l'aide de ces mêmes troupes, le général écrasait sans peine la petite armée du Gouvernement et se faisait proclamer Président de la République. Le tour était joué. Ainsi que l'avait prédit Garcia Moreno, les révolutionnaires revenaient au pouvoir. Borrero avait été leur marchepied.

Dès lors commence l'œuvre de démolition qui va durer six années, et détruire de fond en comble ce que le héros de l'Équateur avait eu tant de peine à édifier.

La persécution religieuse est naturellement le premier article du programme maçonnique. Aussi Vintimilla le mit-il en vigueur de façon à contenter les plus difficiles des vénérables.

Il commença par laïciser les écoles en renvoyant les prêtres, les religieux, les religieuses, en proscrivant l'enseignement chrétien. Plus de trente mille enfants furent privés de toute instruction ; les hautes écoles restèrent sans professeurs; les Jésuites de l'École polytechnique portèrent en d'autres pays leur savoir et leur expérience; et « quelque temps après, dit un témoin oculaire[1], nous eûmes la

1. M. Domec, professeur d'anatomie.

douleur de voir ces laboratoires, si bien pourvus, si bien tenus, complètement abandonnés, ces instruments, ces appareils, ces machines, démontés, détériorés, recouverts d'une couche épaisse de poussière ». Quant aux pauvres Indiens du Napo, ils furent complètement délaissés. Le clergé protesta énergiquement, l'archevêque de Quito en tête, la réponse ne se fit pas attendre : Mgr Checa fut une victime toute désignée à la haine des sectaires.

Le 30 mars 1877, le jour du Vendredi Saint, l'archevêque monta à l'autel pour célébrer l'office du jour. Après la communion, il prit les ablutions et tomba en proie à d'affreuses convulsions. Une heure après, il expirait. De misérables assassins avaient mélangé un poison violent au vin du sacrifice.

Le clergé pleura son archevêque et continua la lutte. De son côté, Vintimilla supprima les traitements ecclésiastiques : ne pouvant empoisonner tous les prêtres, il fallait au moins essayer de les affamer.

Au point de vue matériel, les démolisseurs n'allèrent pas moins vite en besogne. La sage administration de Garcia Moreno avait rempli les caisses de l'État ; les nouveaux venus, frelons rapaces, se chargèrent de les vider à leur profit. Les amis et connaissances d'Urbina et de Vintimilla s'enrichissaient à vue d'œil. Le Président demandait à la nation cinq mille piastres pour son uniforme et les harnais de ses chevaux, neuf mille pour trois banquets officiels, et vingt mille pour sa liste civile.

Le Ministre des Finances n'osait plus rendre compte des recettes et des dépenses.

C'était le pillage organisé du haut en bas de l'échelle administrative. Faute d'argent, les travaux d'utilité publique furent abandonnés, la fameuse route de Quito à Guayaquil cessa d'être entretenue, le commerce fut complètement paralysé. Un un mot, le désordre était partout et la sécurité nulle part. Une fois encore, l'expérience était faite et la nation pouvait comparer entre le

Gouvernement maçonnique et le Gouvernement chrétien.

Le peuple comprit enfin qu'il était temps de se débarrasser du joug de Vintimilla : les ruines partout amoncelées criaient vengeance. Par la force des armes, les conservateurs, unis aux libéraux honnêtes, modérés, qui jugeaient l'expérience assez longue et assez coûteuse, reprirent le pouvoir.

Dans l'attente de l'élection présidentielle, le Gouvernement provisoire voulut, par un acte public, qui serait une amende honorable, réparer les fautes du passé. Il fallait d'ailleurs chercher la vie et la sécurité de la nation équatorienne : où trouver l'une et l'autre si ce n'est en se mettant définitivement sous la protection du Roi suprême des gouvernants et des individus, du Chef divin de l'Église et des peuples.

C'est dans ce but que le Congrès, rassemblé en 1884, vota l'érection d'un temple national dédié au Sacré-Cœur de Jésus.

« Le grand crime de nos jours, s'écria, dans un

noble enthousiasme, le Dr Matovelle, c'est la lâche apostasie de toutes les nations de la terre. Tous les Gouvernements, en tant que Gouvernements, ont cessé de reconnaître les droits sociaux de Jésus-Christ et de son Église. Sans doute, ils ne vont pas jusqu'à blasphémer son saint nom, mais ils nient pratiquement sa royauté et protestent qu'elle n'existe pas pour eux. Eh bien! Que prétendons-nous faire en élevant ce temple national? Nous voulons proclamer hautement à la face du monde entier que l'Équateur reconnaît Notre-Seigneur Jésus-Christ pour son Dieu et pour son roi, et qu'il lui reconnaît à lui-même, comme au Roi des Rois et au Seigneur des Seigneurs, une souveraineté sociale sur toutes les nations de la terre. »

Le 6 aout 1885, pendant la présidence de Jose-Maria Caamano, le dixième anniversaire de Garcia Moreno fut célébré dans les larmes et les prières du peuple entier. Un service solennel eut lieu dans la cathédrale, auquel assistèrent tous les évêques de l'Équateur et tous les hauts dignitaires de l'État. Le

Le P. Proaño, de la Compagnie de Jésus
prononça l'oraison funèbre.

jeune fils du héros martyr, don Gabriel Garcia Moreno, alors âgé de quinze ans, conduisait, pour la première fois, le deuil de celui que tous les cœurs proclamaient en ce jour le vrai libérateur de la patrie. Le P. Proano, de la Compagnie de Jésus, prononça l'oraison funèbre. Il commenta cette parole de Pie IX : « Il est tombé, le chevalier du Christ, victime de sa foi et de sa charité chrétienne pour la patrie. »

Depuis lors, l'Équateur, marchant toujours dans la voie de la justice et du progrès, n'a pas cessé de donner au monde l'exemple de son attachement à l'Église et au Saint-Siège, double amour que Garcia Moreno avait légué à ses concitoyens. Une nation qui affirme ainsi sa foi ne saurait périr : elle participe aux immortelles destinées de Celle dont elle reconnaît les droits et proclame la souveraineté.

ÉPILOGUE

« On sait, écrit Mgr Gay, la simple et triomphante réponse de cet ancien qui, entendant un sophiste nier la possibilité du mouvement, se contenta, pour le faire taire, de marcher devant lui. Ainsi l'histoire de Garcia Moreno fait-elle évanouir ces impossibilités prétendues d'appliquer le droit chrétien aux sociétés modernes, et d'établir le règne social du Christ sur les ruines de la Révolution. » Nous avons vu, en effet, une nation arrachée au bourbier révolutionnaire et ramenée dans la voie du progrès et de la justice par l'énergie d'un homme qui, ne s'inspirant que de sa foi de chrétien, sut en quelques années, d'une république sectaire, faire la République du Sacré-Cœur. L'État chrétien n'est donc pas une utopie, ainsi que le prétendent les politiciens sceptiques de nos jours. Nous avons là, en outre, une preuve éclatante que l'Église ne répudie aucune forme de Gouvernement humain. Le règne de Dieu sur la terre, voilà son unique objectif; peu lui importe que ce soit un roi ou un président qui procure le règne de Dieu, et par ce règne la prospérité des nations.

Puisse notre France, toujours si belle malgré les flétrissures dont la souillent ses ennemis, marcher sur les glorieuses traces de la vaillante République de l'Équateur. Hélas! elle gémit à cette heure sous le joug de la franc-maçonnerie : l'impiété déborde de toutes parts. Cette impiété n'est pas seulement libre, elle est présentement maîtresse, elle a le pouvoir en main, et, au nom de la liberté, elle persécute la plus sainte des causes, la plus sacrée des libertés. Pendant de longues années, l'Église a été regardée comme suspecte, décrétée d'ostracisme, dans le pays même qu'elle a fait naître à la civilisation et dont elle seule est capable encore de refaire la grandeur.

Ne soyons pas cependant de l'école du désespoir. Seuls le courage et la confiance conduisent au salut. Dans chaque siècle, on peut faire le départ des biens et des maux. Malgré les malheurs de l'heure présente, le nôtre n'a-t-il pas à son acquis d'immortelles gloires et des consolations pleines d'espérances? Nous y voyons reluire avec éclat les radieuses figures de Pie IX, de Léon XIII et de Pie X. Nous avons vu tomber le gallicanisme et le jansénisme; l'Immaculée Conception a été proclamée dans la lumière et dans la joie; d'immenses foules, parties de tous les points de l'univers, sont venues, à la voix d'une innocente enfant, s'agenouiller et prier au pied d'une grotte bénie où daigna apparaître la Reine du Ciel; les miracles ont éclaté aussi nombreux, aussi indéniables qu'aux premiers âges du christianisme; le culte de l'Eucharistie, le culte du Sacré-Cœur, ont pris un nouvel essor; les œuvres de charité se sont multipliées, nos saints et nos martyrs ont allumé de nouvelles constellations au firmament de l'Église.

Mais on crie de toutes parts : ne voyez-vous pas que la franc-maçonnerie est au pouvoir, qu'elle sape depuis vingt ans les fondements de la société et conduit la France à l'abîme ! Sans doute, le mal est grand, nous le constatons avec amertume, mais est-il donc sans remède? Pour guérir une maladie, il faut en connaître la cause. Or, s'est-on jamais demandé comment, dans un pays catholique comme la France, des hommes sans religion, ennemis même de toute religion, ont pu se faire accepter par les masses, parvenir au pouvoir et s'y maintenir ? N'est-ce pas parce qu'ils se sont présentés au peuple comme les apologistes de la démocratie moderne et du progrès matériel, tandis que nos plus vaillants défenseurs, avec les meilleures intentions, sans doute, ne paraissaient se préoccuper que des intérêts moraux, tout en restant obstinément attachés à des institutions qui ne sont plus et dont le peuple ne semble pas désirer le retour ?

Rendons hommage au glorieux pontife Léon XIII,

qui a rappelé au monde que l'Église, bâtie par son divin fondateur sur les colonnes inébranlables de la justice et de la charité, loin de se désintéresser du bien-être matériel du peuple, est seule capable de le réaliser, autant qu'il est possible ici-bas. l'Encyclique *Rerum novarum* a retenti et retentira longtemps au-dessus de nos vains tumultes; elle a été entendue, et bien des yeux se sont ouverts. La masse du peuple, les pauvres, les opprimés commencent à comprendre que l'Église seule ne les berne pas par de fallacieuses promesses, qu'elle est pour eux non seulement une conseillère, mais une protectrice qui veut prendre en main leur cause et soutenir leurs justes revendications.

On a voulu encore creuser un abîme entre l'Église et la société moderne : le pape Léon XIII l'a comblé en affirmant hautement que l'Église n'est point l'ennemie de la démocratie, que les principes de *liberté*, d'*égalité*, de *fraternité* sont écrits à toutes les pages de l'Évangile. Devant vivre dans tous les lieux, l'Église catholique sait se plier aux besoins de tous les peuples, modifier ses allures, changer, s'il le faut, de vêtement, prenant celui qui convient à chaque milieu, tout en faisant entendre toujours la parole éternelle de vie et de vérité.

Attentifs à l'appel et dociles aux directions du successeur de Pierre, gardien des traditions immortelles, entrons généreusement dans la voie qu'il nous indique. Ne regardons pas autour de nous pour voir où nous trouverons un grand nom qui nous dispense d'agir et de lutter. Certes, nous bénirions Dieu, si sa Providence suscitait un homme privilégié, de volonté ferme et résolue, qui sût dire comme Garcia Moreno : *Adveniat regnum tuum.* Mais cet homme ne se montre pas, et nous n'avons point le droit de l'attendre. Aussi bien nous vivons dans un temps où rien ne paraît devoir remplacer l'effort personnel, où le salut ne peut venir que de l'union des âmes généreuses et de l'aide de Dieu. Notre obéissance à la voix du Pontife suprême nous assure l'une et l'autre. Nous ne pouvons triompher que si nous sommes unis, et nous ne serons unis que si nous savons obéir. A cette condition seulement nous pouvons espérer le salut. Nous avons beau crier : « Seigneur, sauvez-nous, nous périssons. » Dieu ne nous sauvera pas sans nous. « Aide-toi et le ciel t'aidera. » Cet adage de nos pères doit être notre devise. Le grand héros dont nous venons de raconter l'histoire montre à tous les hommes de cœur ce que peut une volonté ferme qui cherche avant tout le règne de Dieu et sa justice. Si, à l'exemple du grand patriote, nous savons faire notre devoir et payer de notre personne, nous pouvons envisager l'avenir avec confiance, car nous combattons pour le Christ, qui a vaincu le monde, et pour notre droit, qui est imprescriptible et sacré, parce qu'il s'appuie sur l'éternelle justice de Dieu, QUI NE MEURT PAS.

A. M. D. G.

TABLE DES MATIÈRES

CHAPITRE PREMIER

Pages.

Description de l'Équateur. — Richesse et variété de ses productions. — Rivalité de Quito et Guayaquil........ 7

CHAPITRE II

Famille de Garcia Moreno. — Naissance et premières années de Gabriel. — Sa timidité naturelle. — Comment son père lui donne des leçons de courage. — Dévouement de dona Mercedès. — Piété filiale de Gabriel. — Premières études. — Départ pour Quito. — Le surveillant de quinze ans. — Prodigieuse mémoire de Gabriel. — Sa passion pour l'étude. — L'étudiant en droit. — Garcia Moreno à vingt ans. — Comment il triomphe des sollicitations du monde. — Son énergie de caractère. — Exploration du Pichincha. — Une histoire à faire........ 15

CHAPITRE III

Coup d'œil rétrospectif sur l'histoire de l'Équateur. — Bolivar le *libertador*. — Fondation de la République de Colombie — Œuvres néfastes des loges maçonniques. — Triste aveu de Bolivar. — Sa retraite et sa mort. — Démembrement de la Colombie. — Florès président de l'Équateur. — La comédie politique. — Dictature de Florès. — Sa chute. — Entrée en scène de Garcia Moreno........ 33

CHAPITRE IV

Pages.

Présidence de Roca. — Garcia Moreno journaliste. — *Le Fouet.* — Tentative de Florès. — Patriotisme et désintéressement de Moreno. — Il combat Florès. — Nouvelle campagne contre Roca. — Esprit satirique *del Diablo.* — Présidence de Noboa. — Premier voyage de Moreno en Europe. — Comment il ramène les Jésuites à Quito. — Son énergique défense de la Compagnie de Jésus. — Fourberie d'Urbina. — Comment il s'empare du pouvoir.................................... 45

CHAPITRE V

Garcia Moreno combat Urbina. — Le journal la *Nacion.* — Arrestation et exil de Moreno. — Son pamphlet *la Vérité à mes calomniateurs.* — Séjour à Paris. — Le travailleur infatigable. — L'apologiste un instant déconcerté. — Garcia Moreno et l'histoire de l'Église........................... 61

CHAPITRE VI

Dilapidations d'Urbina et de Roblez. — Retour de Moreno à Quito. — Relèvement des sciences. — *L'Union nationale*, journal de l'opposition. — Garcia Moreno, sénateur. — Puissance de sa parole. — Despotisme du Gouvernement. — Révolution du 1er mai 1859. — Garcia Moreno élu président à Quito. — Coup d'État du général Franco à Guayaquil................ 75

CHAPITRE VII

Garcia Moreno essaye inutilement d'empêcher la guerre civile. — Drame de Riobamba. — Premiers succès de l'armée des Patriotes. — Odieuses spéculations de Franco. — Indignation de l'Équateur. — Florès, général en chef. — Victoire de Babahoyo. — Siège mémorable de Guayaquil. — Fuite de Franco... 91

CHAPITRE VIII

Garcia Moreno, président provisoire. — La question électorale et la Constitution. — Garcia Moreno, élu président à l'unanimité. — Premières réformes. — L'administration, l'armée. — L'enseignement chrétien. — Le Concordat............. 107

CHAPITRE IX

Pages.

Manœuvres d'Urbina. — L'excommunié Mosquera. — Les députés anticoncordataires. — Attitude ferme de Garcia Moreno. — Proclamation de Mosquera. — Guerre contre la Nouvelle-Grenade. — Défaite de Cuaspud. — Confiance de Garcia Moreno. — Appel aux armes. — Patriotisme des Équatoriens. — Traité de Pinsaqui. — Menées révolutionnaires. — Complots. — Exécution de Maldonado. — Moreno se justifie devant le peuple d'avoir outrepassé la Constitution.............. 117

CHAPITRE X

Nouvelles tentatives d'Urbina. — Expédition audacieuse de Garcia Moreno. — Combat de Jambelli. — Découverte des complices d'Urbina. — Exécution de Viola, avocat de Guayaquil. 131

CHAPITRE XI

Présidence de Carion. — Sa politique néfaste du juste-milieu. — Mission de Garcia Moreno au Chili. — L'assassin Viteri. — Présidence inattendue d'Espinoza. — Catastrophe d'Ibarra. — Dévouement de Garcia Moreno.......................... 141

CHAPITRE XII

Faiblesse du gouvernement d'Espinoza. — Candidature de Garcia Moreno. — Terreur des radicaux. — Nouvelle conspiration. — Coup d'État pacifique. — Proclamation de Garcia Moreno. — Enthousiasme du peuple équatorien........... 157

CHAPITRE XIII

Garcia Moreno pose les fondements d'une République chrétienne. — Constitution catholique. — Principe fondamental de cette Constitution. — Le Président malgré lui.......... 167

CHAPITRE XIV

Régénération intellectuelle : L'Enseignement primaire. — Ses rapides progrès. — L'Enseignement secondaire. — L'Université de Quito. — L'Académie des Beaux-Arts. — Le Conservatoire. — L'Observatoire de Quito. — *Régénération morale :* L'armée. — La justice. — Les prisons. — Conversion d'un

Pages

chef de brigands. — Les hôpitaux. — Anecdotes. — La propagation de la foi dans le Napo. — Mission dans l'Équateur. — *Développement matériel :* Une colossale entreprise : La route de Quito à Guayaquil. — Anecdotes. — Les finances........ 175

CHAPITRE XV

L'homme de caractère. — Défauts de Garcia Moreno. — Comment il travaillait à sa sanctification. — Exemples admirables de sa foi. — Son amour de la Justice. — Anecdotes. — La vertu de force dans Garcia Moreno. — Sa tempérance 203

CHAPITRE XVI

Le chrétien dans la vie publique. — Le Pape dépouillé de ses États. — Vaillante protestation de Garcia Moreno. — Louanges de la presse catholique de tous les pays. — Le denier de Saint-Pierre. — Pie IX et Garcia Moreno. — Consécration de l'Équateur au Sacré-Cœur.................................... 219

CHAPITRE XVII

Fin de la deuxième présidence. — Garcia Moreno, l'homme nécessaire. — Sa nouvelle élection. — Ses projets. — Manœuvres odieuses des loges maçonniques du Pérou. — Histoire d'un crime. — L'assassin Rayo. — *Dios no muere.* — La *justice* du peuple..

CHAPITRE XVIII

Le deuil. — Les funérailles. — L'assassin Cornejo. — Comment il est découvert. — Sa mort. — Sort des autres assassins. — Le dernier message de Garcia Moreno. — Reconnaissance de l'Équateur et du monde catholique........................ 247

CHAPITRE XIX

La contre-épreuve. — Correro et Vintimilla. — L'œuvre de démolition. — Les conservateurs reprennent le pouvoir. — Érection d'un temple national au Sacré-Cœur............. 253

Épilogue.. 275

TOURS, IMPRIMERIE DESLIS FRÈRES, 6, RUE GAMBETTA.

www.ingramcontent.com/pod-product-compliance
Ingram Content Group UK Ltd.
Pitfield, Milton Keynes, MK11 3LW, UK
UKHW021057220726
13924UKWH00005B/2132